Jörg Berger

Faszination Ich

Grenzen der Selbstverwirklichung

Jörg Berger

Faszination Ich

Grenzen der Selbstverwirklichung

SCM Hänssler

SCM

Stiftung Christliche Medien

Bestell-Nr. 395.125
ISBN 978-3-7751-5125-2

Internet: www.scm-haenssler.de
E-Mail: info@scm-haenssler.de
Umschlaggestaltung: Jens Vogelsang, Aachen
Titelbild: Corbis GmbH
Satz: typoscript GmbH, Kirchentellinsfurt
Druck und Bindung: CPI – Ebner & Spiegel, Ulm
Printed in Germany

Inhalt

Kurz und bündig

Geht es Ihnen nicht auch so? Über manch einen Themenbereich würde man gerne als Normalbürger Bescheid wissen (oder muss es vielleicht sogar). Doch was die Fachleute schreiben, ist im Normalfall zu kompliziert und zu umfangreich. Wer hat schon Zeit, sich in jedes Thema wochenlang einzuarbeiten!?

Hier wollen wir Hilfestellung leisten. In Hänssler kurz und bündig geben Fachleute, die sich mit einem Thema schon seit Jahren intensiv beschäftigen, kurz und verständlich einen Überblick über das, was man wissen muss, wenn man Bescheid wissen will und mitreden können möchte.

Dabei enthält jeder Band der Reihe *Hänssler kurz und bündig* die folgenden Elemente:

- Fakten und Basisinformationen
- die Diskussion kontroverser Fragen
- praktische Hilfen und Hinweise zum Weiterarbeiten

All das ist so angelegt, dass der Leser sich in zwei bis drei Stunden (also etwa statt des Abendkrimis oder auf einer Zugfahrt) ein Thema in seinen Grundlagen aneignen kann. Die Anwendung im Leben oder das anschließende Gespräch mit anderen wird dann aber sicher etwas länger dauern …

Ich würde mir wünschen, dass dieser kleine Band Ihren Horizont erweitern kann und die Informationen liefert, die Sie suchen.

Thomas Schirrmacher

Vorwort des Herausgebers

Es ist schon merkwürdig: Wie ich mich selbst sehe und wie ich zu mir selbst stehe, bestimmt wesentlich mein Leben, auch wenn gar kein Spiegel in der Nähe ist. Wer sich selbst ignoriert oder hasst, wird in seinem Leben ebenso scheitern, wie der, der sich selbst über alles andere liebt. Selbstbewusstsein, Selbstverwirklichung, Selbstlosigkeit, Selbstzerstörung – sie alle prägen unser Leben zutiefst. Und doch denken wir selten bewusst darüber nach, wie wir eigentlich zu uns stehen.

Noch erstaunlicher ist, dass sich eine konkrete Gesellschaft aus dem ergibt, wie Millionen Individuen zu sich stehen und über sich denken. Die Ich-Gesellschaft ergibt sich aus dem, wie Sie und ich jeweils zu uns selbst stehen.

Welche tiefe Weisheit steckt doch in dem, was das Zentrum des Alten Testamentes ist, und in der Botschaft Jesus neben der Liebe zu Gott: »Liebe Deinen Nächsten wie dich selbst.« Vielleicht können uns heute Fachleute besser denn je erklären, was es damit auf sich hat. Damit ist es aber nicht automatisch einfacher als früher, die notwendige Ausgewogenheit zwischen einer gesunden Zuwendung zu uns selbst und zum Anderen, zum Du, zu finden. Aber ohne Bescheid zu wissen und ohne die Bereitschaft, nachzudenken, ohne Theorie, wird auch keine Praxis möglich sein. Nur braucht man dafür einen Begleiter, der einem durch das Gestrüpp der Ratgeber und tagtäglichen Tipps der Medien kurz und bündig eine Schneise schlägt und uns ein Gesamtbild jenseits einzelner Rezepte aufzeigt.

Dem vorliegenden Buch spürt man ab, dass hier ein Experte schreibt, der sich mit dem Thema tagtäglich in der Praxis und im Gespräch mit konkreten Menschen in all ihrer Unterschiedlichkeit befasst. So ist alles fachlich gut fundiert, aber für jeden von uns nachvollziehbar und praktisch umsetzbar. Es werden ganz normale Menschen ebenso angesprochen wie Menschen, denen vielleicht durch dieses Buch klar wird, dass sie eigentlich einmal ein intensives Beratungsgespräch oder sogar eine längere Gesprächstherapie brauchen.

Selbsterkenntnis ist bekanntlich der erste Weg zur Besserung. Sie sei jedem Leser dieses Buches von Herzen gewünscht.

Thomas Schirrmacher

Vorwort

»Finde dein persönliches Glück!« So klingt das Leitmotiv der Ich-Gesellschaft. Ist es ein Segen, weil jeder sein individuelles Potenzial entfalten darf? Oder ist es ein Fluch, weil zwei Menschen, die ihr eigenes Glück verwirklichen, nicht mehr zusammenfinden?

Wir leben in einer aufregenden Zeit. Unsere Gesellschaft bietet Entfaltungsmöglichkeiten, deren Zahl uns schwindlig macht. Schon im Supermarkt wähle ich nicht mehr zwischen Waren, sondern zwischen Lebensentwürfen. Jedes Produkt verknüpft sich mit einem Lifestyle. Die Fesseln der Moral sind locker wie nie und zugleich darf man auch bürgerlich leben, ohne dafür angegriffen zu werden. Alles ist zur Option geworden, die gleichberechtigt neben anderen steht.

Ein Paradies, sollte man meinen. Würde man dabei nicht übersehen: Das Ich des Menschen braucht formende Kräfte, um beziehungsfähig zu werden. Das Ich braucht Korrektur und Begrenzung. Es braucht die Erfahrung, sich loslassen zu können und sich im Wir wiederzufinden. Diese formenden Kräfte hat die Ich-Gesellschaft verloren. Natürlich arbeiten Menschen immer noch zusammen und Menschen lieben sich noch, aber ihr Ich geht kaum noch in einem Wir auf.

Ein Mangel an Gemeinschaftssinn lässt Menschen in einem Klima von Selbstwertverletzungen heranwachsen. Das beginnt früh, zum Beispiel wenn ein Elternteil zu sehr mit sich selbst beschäftigt ist, als dass er das Kind als eigenständiges Wesen wahrnehmen könnte. Viele Väter und manche Mütter verlassen ihre Kinder, weil sie ihre Suche nach Glück aus der Familie herausführt. Und Kinder spüren schmerzlich, wie ihre Lebensäußerungen das Glück ihrer Eltern einschränken und wie sie dafür zurückgewiesen und kritisiert werden. Wie nie zuvor verinnerlichen Menschen heute ein negatives Selbstbild. Und wie nie zuvor bietet unsere Gesellschaft Möglichkeiten an, ein negatives Selbstbild auszugleichen: durch Leistung, Lebensstil und die technischen Möglichkeiten, den eigenen Selbstentwurf täglich zu kommunizieren. Der seelische Antrieb, der ein negatives Selbstbild durch ein geschöntes Ich ausgleicht, nennt sich Narzissmus. Viele Fachleute sehen im narzisstischen Stil den vorherrschenden Beziehungsstil unserer Gesellschaft. Wie sich das auswirkt, welche Entfaltungschancen und Gefahren er in sich birgt, ist Thema dieses Buches.

Jörg Berger

I. Die Ich-Gesellschaft

1. Was ist Narzissmus?

Ein Mann beugt sich über einen Teich und kann sich nicht sattsehen an dem, was er dort erblickt: sich selbst. Narziss heißt er und ist unglaublich schön. Die Liebe anderer weist Narziss ab. Dafür bestrafen ihn die Götter: Narziss darf sich fortan nur selbst lieben, er verfällt seinem Spiegelbild. Die Eigenliebe zerstört Narziss. Er vereint sich mit seinem Spiegelbild und ertrinkt. Sigmund Freud zog die griechische Sage heran, um ein seelisches Phänomen zu beschreiben, das er Narzissmus nannte: Manche Menschen richten ihre Liebe und Aufmerksamkeit auf die eigene Person.

Krankhafter Narzissmus gilt als schwere Störung der Persönlichkeit.[1] Menschen mit einer narzisstischen Störung fehlt die Gefühlsbeziehung zu anderen Menschen. Sie beziehen sich ausschließlich auf sich selbst. Sie bilden den Mittelpunkt ihrer Welt, um die herum sich alles andere dreht. Weil ihnen die Einfühlung in andere fehlt, müssen sie ihre Mitmenschen beobachten, damit ihnen zwischenmenschliche Abstimmungen gelingen. Von anderen werden Narzissten daher als kühl und berechnend erlebt. Weil sich Narzissten im Mittelpunkt des Geschehens fühlen, erwarten sie, dass sich andere ihren Regeln und Wünschen fügen. Ihre Sonderstellung begründen sie mit einer besonderen Begabung oder einer besonderen Bedeutung. Wenn sich andere gegen ihre Ansprüche wehren, werden Narzissten zornig. Wenn Narzissten hoch genug aufsteigen, können sie sich erlauben, ihre Persönlichkeit auszuleben, zum Beispiel als Manager, Künstler oder Politiker. Oft scheitern Narzissten nicht nur in ihren persönlichen Beziehungen, sondern auch in ihrem Beruf. Dann leben sie voller Groll am Rand der Gesellschaft. Sie denken an Selbstmord und nicht wenige nehmen sich tatsächlich das Leben.

Krankem Narzissmus kann man einen gesunden Narzissmus gegenüberstellen: Selbstbewusstsein, eine Aufmerksamkeit für sich und das eigene Befinden, ein Interesse an der Entfaltung der eigenen Persönlichkeit. Zwischen krankem und gesundem Narzissmus liegt, was ich in diesem Buch beschreiben will: ein narzisstischer Stil, der in unserer Gesellschaft weit verbreitet ist. Zu einem narzisstischen Stil gehören folgende Verhaltensweisen:[2]

- ein möglichst perfektes Bild abgeben, z. B. das einer attraktiven, zuverlässigen und sozial kompetenten Frau oder das eines starken, souveränen, fachkompetenten Mannes
- das wichtig nehmen, was Anerkennung bringt
- einen hohen Maßstab an sich anlegen
- Beziehungen nutzen, um seine eigenen Ziele zu erreichen
- Kritik ignorieren oder sich gegen sie wehren
- Situationen vermeiden, in denen man sich eine Blöße geben könnte

Vielleicht denken Sie jetzt: »Das macht doch jeder so!« Und wirklich: Der narzisstische Stil kann als eine Art Knigge gelten, mit dem man sich in unserer Gesellschaft erfolgreich bewegen kann.

Kritischer wird, wer die seelischen Mechanismen betrachtet, auf denen ein narzisstischer Stil beruht. Menschen mit narzisstischem Stil müssen ein verletztes Selbstwertgefühl schützen. Sie haben ein doppeltes Selbstbild entwickelt. Ihr Selbstbild hat eine negative Seite, unter deren Wirkung sie sich als wenig liebenswert, minderwertig und unzureichend fühlen. Weil das schwer zu ertragen ist, bauen sie ein Gegenbild auf, das nur aus positiven Seiten besteht: intelligent, begabt, bedeutend, attraktiv. Ein narzisstischer Stil dient dazu, sich in seinem geschönten Selbstbild zu bestätigen und möglichst nicht zu spüren, dass sich im Hintergrund ein negatives Selbstbild verbirgt. In Krisenzeiten, zum Beispiel nach einer Trennung oder einem beruflichen Misserfolg, bricht das geschönte Selbstbild zusammen. Dann gewinnt das negative Selbstbild die Oberhand und der Betreffende fühlt sich als Versager, der keine Liebe mehr verdient.

Beide, das negative wie das geschönte Selbstbild, sind falsch. Das eine resultiert aus einer Abwertung der Person, das andere aus einer Idealisierung. Das wahre Ich hat in der Selbstwahrnehmung gar keinen Platz, wie ich mit der folgenden Abbildung veranschaulichen will.

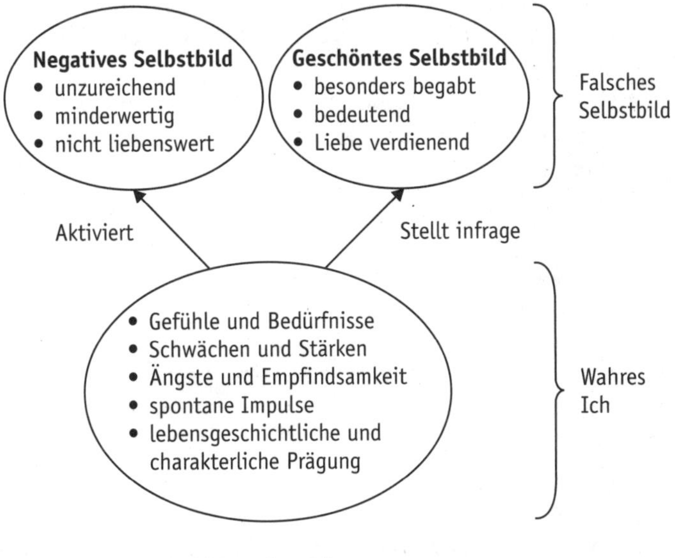

Abb. 1: Falsches Selbstbild – wahres Ich

Das wahre Ich, also was einen Menschen wirklich in seiner Person ausmacht, bedroht das falsche Selbstbild: Die eigene Unvollkommenheit wird zu einer Quelle von Minderwertigkeitsgefühlen für den, der kein stabiles Selbstwertgefühl hat. Eine Berührung mit dem wahren Ich aktiviert das negative Selbstbild. Außerdem stellt das wahre Ich das geschönte Selbstbild infrage, das keinen Platz hat für Schwächen und Unvollkommenheit. Der narzisstische Stil ignoriert daher die Äußerungen des wahren Ich. Der Kontakt mit den eigenen Gefühlen, Bedürfnissen und tieferen Prägungen geht verloren. An seine Stelle tritt ein geschönter Selbstentwurf, ein Bild, das immer neu gepflegt, geschützt und weiter ausgestaltet werden muss.

Vor diesem Hintergrund lässt sich die notvolle Seite des narzisstischen Lebensstils zeigen, denn stets müssen die folgenden Prinzipien befolgt werden:

- Suche Erfahrungen, die dein geschöntes Selbstbild bestätigen!
- Vermeide Erfahrungen, die den verdrängten Schmerz wecken, unzureichend und nicht liebenswert zu sein! Schütze dich vor Kritik, vermeide Blamagen! Verstecke deine Schwächen oder präsentiere sie wenigstens souverän und selbstironisch!
- Lass dich nur so weit auf Menschen ein, dass dein wahres Wesen nicht sichtbar wird!

2. Gesichter der Ich-Gesellschaft

Wie sehr der narzisstische Stil unsere Gesellschaft prägt, will ich an vier Lebensbereichen zeigen: Medien, Erziehung, Arbeit und Liebe.

Medien

»Für mich gilt: Mal gewinne ich, mal verlieren die anderen. Am Ende war es bisher immer ich, der sich eins ins Fäustchen gelacht hat. Warum? Weil ich weiß, was ich mache, und weil ich ein verdammt erfolgreiches Kerlchen bin. Erfolg macht Spaß! Lasst euch nichts anderes einreden, denn wie sprach der Poptitan: Hast du Erfolg, hast du Geld, hast du Geld, hast du Autos, hast du Autos, hast du Frauen ...«[3]

Dieter Bohlen gehört zu den Prominenten, die einen narzisstischen Stil nicht nur ausleben, sondern auch propagieren. 2008 erschien das Buch »Der Bohlenweg«, eine Anleitung zu einer kompromisslosen Selbstverwirklichung. Wenn sich Bohlen in Szene setzt, stößt er manche ab. Seine Selbstgefälligkeit verletzt das Schamgefühl genauso wie die Geringschätzung, mit der er anderen begegnet. Aber Bohlen fasziniert auch. Er rührt an die Sehnsucht nach einer radikalen Selbstverwirklichung und nach dem Mut, jederzeit zu sagen, was man denkt. Bohlen rührt auch an die Sehnsucht nach einer kompromisslosen Selbstbestimmung, die das Leben ganz den eigenen Regeln unterwirft.

Dieter Bohlen wird 1954 in Niedersachsen geboren. Sein Vater hat sich zu einem erfolgreichen Bauunternehmer hochgearbeitet. Die musikalische Neigung seines Sohnes ist ihm fremd, daher unterstützt er seinen Sohn nicht. So stiehlt der junge Dieter Bohlen Pfandflaschen und verkauft Blumen in Behörden, um sich die erste Gitarre leisten zu können. Ohne musikalische Ausbildung und ohne Beziehungen zur Musikszene wird Bohlen immer wieder von Plattenfirmen abgewiesen. Sie erteilen ihm sogar Hausverbot. Schließlich erkämpft er sich doch eine Chance. Mit Thomas Anders gründet er das Popduo Modern Talking und erzielt den musikalischen Durchbruch. Von nun reiht sich Erfolg an Erfolg, zunächst als Komponist und Sänger, schließlich als Produzent und im TV-Geschäft. 2003 schlägt ihn der Bundesausschuss für Kultur und Medien für das Bundesverdienstkreuz vor, was aber dann doch keinen Konsens findet.[4]

Dieter Bohlens Botschaft kann man so zusammenfassen: Wenn du an dich glaubst und deinen Traum verfolgst, dann kannst du es schaffen! Von diesem Traum leben die sogenannten Castingshows, in der Künstler ihr Talent zeigen können. Zu keiner Zeit zeigte das Fernsehen so viele Castingshows wie heute. Die höchsten Einschaltquoten erzielt »Deutschland sucht den Superstar«, eine Show, die Dieter Bohlen in Deutschland eingeführt hat und zu deren Jury er seit Jahren gehört. Über 30 000 junge Menschen singen in Großstädten vor, um unter die 10 Künstler zu kommen, die zur besten Sendezeit um die Anerkennung als Superstar kämpfen. Der Sieger erhält einen Plattenvertrag und kann sich eines Erfolgs in den Charts fast sicher sein. Mark Medlock, der Sieger von 2007, jobbte vorher als Gärtner, Koch und bei der Müllabfuhr.[5] Thomas Godoj wurde 2008 zum Superstar, vorher lebte er von Sozialhilfe. Abgesehen von seinem musikalischen Traum fehlte ihm jede Lebensperspektive.[6] Diese Geschichten rühren an eine menschliche Sehnsucht: die Chance zu erhalten, sein Potenzial voll auszuspielen, sich von allen Zwängen und Beschränkungen befreien und den eigenen Traum leben zu können.

Dieter Bohlen zeigt, dass der narzisstische Stil tatsächlich helfen kann, Lebensträume zu verwirklichen. Aber die kompromisslose Selbstverwirklichung hat auch eine Kehrseite. Bohlen, der sich in seinem Buch durchgehend als »Poptitan« bezeichnet, kann keine Wertschätzung zeigen. Für Menschen, die ihm nahestehen, zeigt er bestenfalls eine freundliche Herablassung: »mein Mädchen« für die Lebensgefährtin, »lustig« für Mark Medlock, mit dem Bohlen einen Nr.-1-Hit sang. Über die meisten Menschen äußert sich Bohlen abschätzig, zum Beispiel wenn er Thomas Anders als »zweiten Winnetou« bezeichnet, wegen dessen dunklen Teints und dessen langen schwarzen Haaren. Auch über Ex-Freundinnen, Geschäftspartner und andere Prominente spottet Bohlen.

Dieter Bohlen äußert sich nachdenklich, wenn er auf seine gescheiterten Partnerschaften zurückblickt: »Ich habe Geld gefunden, andere haben die große Liebe gefunden.«[7] Bohlen beschreibt die Kehrseite des narzisstischen Stils, die er schon als Kind bei sich entdeckt:

»Für mich gab es nur einen, der recht hatte, und das war Klein-Dieter. Ich war eigentlich immer auf Irrwegen, das aber mit Höchstgeschwindigkeit. Nachgeben konnte ich nicht und zugegeben hätte ich schon gar nichts.«[8] Der Stil setzt sich später konsequent fort: »Ich kann nicht im Team arbeiten. Mit einem Team, das für mich arbeitet, geht es schon. Ich kann mich auch nicht anpassen. Ich muss einfach machen, was ich will, sonst werde ich irre.«[9] Und er fügt hinzu: »Außerdem bin ich beratungsresistent, weil ich der Meinung bin, dass ich sowieso alles kann, und wenn nicht, ich es mir eben selbst beibringe.«[10] Bohlen sieht darin aber keinen Anlass zu Selbstkorrektur, er hofft, mit dem narzisstischen Stil auch die Liebe zu meistern:

»Man muss Stein auf Stein legen, bis eine richtig feste Mauer daraus wird. Aber glaubt mir, ein guter Amboss fürchtet keinen Hammer, und so glaube ich daran, dass ich mein Privatleben auch noch in den Griff kriege. Alles eine Frage der Einstellung. Ich schaffe das.«[11]

Gesellschaftlich betrachtet steht Dieter Bohlen auf der Spitze eines Eisbergs. Getragen wird er von einer breiten Masse, die den narzisstischen Stil unauffälliger lebt. Auf ihrem Rücken kann Bohlen die Selbstbezogenheit auf die Spitze treiben und kann sich positiver Aufmerksamkeit sicher sein. Stellen Sie sich einen Künstler wie Bohlen vor im Nachkriegsdeutschland oder in der ehemaligen DDR – undenkbar, dass die Inszenierung von Selbstgefälligkeit öffentliche Zustimmung gefunden hätte.

Erziehung

Mutter: Sebastian hat schon einige Zeit Probleme, in der Schule mitzukommen. Auch die Klagen der Lehrer, er interessiere sich nicht für ihre Anweisungen, habe ich schon häufiger vernommen.

Kinderpsychiater: Beunruhigt Sie das?

Mutter: Na ja, wissen Sie, natürlich wäre es schöner, er würde überall gut mitkommen. Aber als seine Mutter weiß ich auch, dass Sebastian auf eine eigene Art und Weise lernt und die Schwierigkeiten in der Schule vor allem daher rühren, dass seine Lehrer das nicht ausreichend berücksichtigen.

Kinderpsychiater: Was heißt das genau?

Mutter: Man darf bei ihm auf gar keinen Fall irgendeinen Zwang oder Druck ausüben, sondern muss ihn seinen ganz eigenen Weg machen lassen. Er ist eben von seiner Persönlichkeit her so, dass es ihm schwerfällt, sich danach zu richten, wenn eine Person wie der Lehrer ihm einen Arbeitsauftrag quasi aufzwingt.

Kinderpsychiater: In der Schule muss er aber doch lernen, im Klassenverband zu arbeiten und mitzukommen. Ist Ihnen das nicht wichtig?

Mutter: Wichtiger ist mir, dass er möglichst viel Spaß hat, denn nur dann hat er auch Lust, zu lernen. Die Zwänge in der Schule, durch den Lehrer und den festgelegten Stoff, behagen ihm nicht, da ist es kein Wunder, dass er nicht vernünftig mitarbeitet.

Kinderpsychiater: Wie beurteilen Sie denn die Hinweise seiner Lehrer auf die Lerndefizite?

Mutter: Sebastian kann sehr viel, das weiß ich, er zeigt es eben nur nicht so, weil er mit der klassischen Situation in der Schule nicht klarkommt. Ich vermute eher, dass seine Lehrer den Stoff nicht so erklären, dass er es versteht; zum Teil mag es auch an seinen Mitschülern liegen, die ihn stören.

Kinderpsychiater: Die Defizite sind aber ja zweifelsohne vorhanden. Was wollen Sie denn dagegen unternehmen?

Mutter: Natürlich möchte ich Sebastian gerne helfen, damit er bessere Noten bekommt. Ich habe ihn jetzt bei einem Nachmittagsprogramm angemeldet, bei dem den Kindern das Lernen spielerisch beigebracht wird. Das dürfte für ihn genau das Richtige sein, weil dort der Spaß im Vordergrund steht.

Von diesem Gespräch berichtet der Kinder- und Jugendpsychiater Michael Winterhoff.[12] In seinem Buch »Warum unsere Kinder Tyrannen werden« analysiert Winterhoff einen gesellschaftlichen Wandel. In immer mehr Eltern-Kind-Beziehungen entdeckt er drei Beziehungsstörungen:

1. *Eine falsche Partnerschaftlichkeit.* Kinder werden als kleine Erwachsene behandelt. Ihre Wünsche und Gefühle werden so ernst genommen, als würden sie einer ausgereiften Persönlichkeit entspringen. Kindern wird so die notwendige Korrektur vorenthalten. Sie lernen nicht, dass es Werte gibt, die wichtiger sind als ihre augenblicklichen Wünsche. Kinder lernen auch nicht, dass ihre Eltern eine Autorität haben, die auf größerem Durchblick und Lebenserfahrung beruht.
2. *Das Kind wird für die Eltern zum Maßstab.* Wer mit Autorität erzieht, hat Maßstäbe, an denen er das Verhalten seines Kindes misst. Heute sind viele Eltern verunsichert von der Vielfalt der Meinungen und Erziehungsmöglichkeiten. Eltern wollen es oft anders und besser machen als die eigenen Eltern. Aber wie? Was liegt näher, als am Ergebnis zu messen, ob ich gut erziehe? Wenn mein Kind glücklich ist, gut mitmacht, sich liebevoll verhält und etwas lernt, dann mache ich es richtig. Wenn nicht, muss ich etwas falsch machen, dann ändere ich mein Erziehungsverhalten. Dadurch bekommt das Kind eine Macht, die es bald ausnutzt. Es beginnt seine Eltern zu erziehen: »Mama, ich bin lieb, wenn du mir Aufmerksamkeit gibst, meine Wünsche erfüllst und mir Anstrengung ersparst.«
3. *Eltern sehen ihre Kinder als Erweiterung ihres Ich.* Eltern können Kinder zunehmend weniger als eigenständige Wesen sehen, die trotz guter Erziehung frech, faul und widerspenstig sein können. Fehlverhalten von Kindern fällt daher sofort auf die Eltern zurück, als hätten diese die falschen Eigenschaften vererbt oder die Kinder falsch

erzogen. Um ihr Selbstwertgefühl zu schützen, entschuldigen Eltern das Fehlverhalten ihrer Kinder, besonders in der Öffentlichkeit. Wehe, eine Erzieherin oder Lehrerin kritisiert das Kind! Dann wenden Eltern ihre Erziehungslogik auf die Pädagogen an: »Wenn mein Kind sich bei Ihnen nicht richtig verhält, dann fühlt es sich nicht wohl. Sie überfordern es. Sie finden nicht den richtigen Umgang mit seiner Persönlichkeit.«

Erziehen in der Ich-Gesellschaft heißt also: Ich nehme das Ich meines Kindes so wichtig, als wäre es das Ich eines Erwachsenen – psychologisch gesprochen: als würde ich selbst in meinem Kind stecken. Wenn mein Kind und das Familienleben in Konflikt geraten, muss man sich in der Mitte treffen. Wenn ich liebevoll und vorbildlich mit meinem Kind umgehe, muss es sich gut entwickeln. Wenn es Fehlverhalten zeigt, fehlt ihm etwas. Was ich dann besser machen kann, lerne ich aus Erziehungsratgebern oder von Experten im Fernsehen. Je nachdem, wie sich mein Kind benimmt, empfinde ich Stolz oder Versagensgefühle.

Erzogen werden in der Ich-Gesellschaft heißt: Ich bin wichtig! Ehrlich gesagt, fehlt meinen Eltern oft der Durchblick. Ich habe sie schon oft vom Gegenteil überzeugt. Aber wenn meine Eltern doch mal ihr Ding durchziehen: Autsch, das tut weh! Nehmen die mich denn gar nicht ernst? Meine Eltern sind ziemlich schnell eingeschnappt. Wenn ich etwas mache, was denen nicht passt, dann trifft es die immer gleich persönlich. Ich bin halt nicht immer das Kind, das sie haben wollen. Aber denen zeig' ich's. Ich übe jetzt Geige. Da kann mir keiner was vormachen.

Arbeit

2006 führte der Bundesverband deutscher Unternehmensberater eine Studie durch. Dabei wurden Personalberater befragt, was eine Karriere gelingen lässt und woran sie scheitert.

53 Prozent der Personalberater gaben »Selbstüberschätzung als wichtigsten Grund für unerwartete Rückschläge in der Karriere an [...]. Danach folgte an zweiter Stelle die Unfähigkeit, die Spielregeln des eigenen Unternehmens zu durchschauen. An dritter Stelle folgte die mangelnde Bereitschaft sich weiterzuentwickeln. Alle drei Aspekte, die mit Wahrnehmungsdefiziten und Selbstüberschätzung zu tun haben, können sicherlich eng mit Narzissmus in Verbindung gebracht werden.«[13]

So steht auch die Arbeitswelt unter dem Einfluss des narzisstischen Stils. Wo dieser nicht aufgedeckt und korrigiert wird, kann erheblicher Schaden entstehen.

Narzissmus als Führungseigenschaft

Narzissmus ist echter Führungsqualität zum Verwechseln ähnlich: Selbstbewusstsein, das sich auch von Kritik nicht beirren lässt; der Wunsch, an der Spitze zu stehen und die Führung zu übernehmen; das Geschick, andere Menschen für die eigenen Ziele zu gewinnen; die Fähigkeit, als Persönlichkeit zu beeindrucken und die eigenen Leistungen sichtbar zu machen. Wegen dieser Eigenschaften fallen narzisstischen Persönlichkeiten oft Führungspositionen zu. Wenn ihre mangelnde Führungsqualität sichtbar wird, ist es meist schon zu spät: Narzisstische Führungskräfte hören auch nicht auf loyale und kluge Kritiker. Sie treffen deshalb Fehlentscheidungen. Oftmals nutzen sie ihre Mitarbeiter aus und stehen irgendwann isoliert an der Spitze. Den Rückhalt ihrer Mitarbeiter haben sie verloren. Außerdem verlieren narzisstische Führungspersönlichkeiten ihr Gleichgewicht, wenn Erfolge und Bestätigung ausbleiben. Wo sie vorher mit Weitblick und Sachverstand gehandelt haben, reagieren sie jetzt wie Kinder, die Lob und Beachtung erzwingen wollen.

»Die Charakterpathologien von Führungspersonen, die für Institutionen die größte Gefahr bergen, sind vermutlich die narzisstischen Persönlichkeitsmerkmale«, schreibt Otto Kernberg, ein international bekannter Fachmann für Persönlichkeitsstörungen.[14] Vermutlich verursachen narzisstische Führer auch folgenden Befund: Wenn Mitarbeiter ein Unternehmen verlassen, liegt das in 70 Prozent der Fälle daran, dass sie an ihrem Chef gelitten haben.[15] Und was könnte einem mehr die Lust an der Arbeit verderben als mangelnde Wertschätzung und das Gefühl, ausgenutzt zu werden?

Gutmenschen

Selten ist der narzisstische Stil so ausgeprägt wie bei den Führungskräften, die ich beschrieben habe. Häufiger ist eine milde Ausprägung des narzisstischen Stils, für den uns die jüngere Sprachentwicklung ein treffendes Wort geschenkt hat: den Gutmenschen. Ihm gelingt ein narzisstischer Bumerangwurf: Er engagiert sich für andere, was in Form eines positiven Selbstbildes auf ihn zurückfällt, nämlich sozial, fair oder liebevoll zu sein. Das Engagement des Gutmenschen orientiert sich daher mehr an seinem Selbstbild als an den Wünschen und Bedürfnissen anderer. Im Arbeitsleben wirkt sich das so aus, dass Kollegen oder Mitarbeiter erleben, wie sie etwas Gutes bekommen, das sie gar nicht brauchen. Mit anderen Worten: Der Einsatz von Gutmenschen ist nicht einfühlsam abgestimmt auf das, was andere brauchen. Für die wirklichen Bedürfnisse von Kollegen und Mitarbeitern können Gutmenschen blind sein. Trotz ihres wohlwollenden Auftretens verletzen Gutmenschen die Gefühle und Interessen anderer. Das führt zu Enttäuschung auf beiden Seiten: Der Gutmensch fragt sich, warum andere nicht dankbar sind und sein Engagement nicht anerkennen. Kollegen und Mitarbeiter bekommen das freundliche Auftreten des Gutmenschen nicht zusammen mit Verhaltensweisen, die sie als rücksichtslos erleben.

Viele Probleme im Arbeitsleben werden durch den narzisstischen Stil von Gutmenschen verursacht:

Gutmenschen als Chefs

- neigen dazu, andere zu ihrem Glück zu zwingen
- lassen Fehlentwicklungen zu, weil sie niemandem wehtun wollen
- kleiden Zumutungen in den Schafspelz guter Absichten

Gutmenschen als Kollegen und Mitarbeiter

- überfordern sich mit Aufgaben, denen sie nicht gewachsen sind
- reagieren empfindlich auf Korrektur, weil sie sich in ihren guten Absichten unverstanden fühlen
- überschreiten ihre Kompetenzen, weil sie glauben, ihre gute Absicht rechtfertige dies

Opfer von Narzissmus

Wer im Berufsleben steht, muss wachsam sein, will er nicht zum Opfer narzisstischer Verhaltensweisen werden. Er muss sich gelegentlich vor ausnutzenden Beziehungen schützen, sich gegen ein abwertendes Urteil wehren oder verhindern, dass ein anderer in seine Kompetenzen eingreift. Was benötigt man, um sich gegen narzisstische Verhaltensweisen zu wehren? Vor allem einen gesunden Narzissmus: ein gesundes Selbstbewusstsein, ein Wissen um den Wert der eigenen Person und der eigenen Arbeit. Dann wird man narzisstische Zumutungen gelassen zurückweisen: »Ich investiere gerne meine Kraft und Zeit, aber ich möchte auch am Erfolg teilhaben.« »Ich habe ein offenes Ohr für Kritik, aber ich habe kein Verständnis, wenn sich jemand unsachlich über meine Arbeit äußert.« »Ich bin offen für Anregungen, aber in meinem Verantwortungsbereich treffe ich die Entscheidungen selbst.«

Liebe

Auch heute sehnen sich Menschen nach romantischer Liebe. Wenn man Paare befragt, wollen 83 Prozent mit ihrem Partner ein Leben lang zusammenbleiben, 92 Prozent wünschen sich sexuelle Treue.[16] Dennoch misslingt die romantische Liebe häufig. Das zeigen die steigenden Scheidungszahlen. Das zeigt auch die hohe Zahl an Seitensprüngen, zu denen sich etwa ein Drittel der Paare bekennt, wenn man sie danach fragt.[17] Natürlich scheiterte die Liebe auch schon früher, wenn sie zum Beispiel hinter der Fassade einer bürgerlichen Familie starb. Wenn die Liebe aber heute scheitert, dann oft in einer Weise, die für die Ich-Gesellschaft charakteristisch ist.

Viel Ich, wenig Wir

Jeder Liebesbeziehung liegt eine Art Vertrag zugrunde. Für heutige Paare könnte man ihn so formulieren: »Wir sind zusammen, um unsere emotionalen und sexuellen Bedürfnisse zu verwirklichen.« Manchmal schließt der Vertrag auch ein, Lebensträume gemeinsam zu verwirklichen. Wenn die Beziehung den Vertrag nicht mehr erfüllt, darf sie gelöst werden. Denn emotionale Bedürfnisse können sich verändern, auch sexuelle Wünsche ändern sich. Und Lebensträume sind irgendwann verwirklicht, dann machen sie neuen Träumen Platz. Und jeder weiß, dass negative Gefühle so stark werden können, dass sie die Liebe überwiegen. Deshalb wird oft schon mit eingeplant, dass die Beziehung nicht das ganze Leben hält.

Wo liegt das Problem? Menschen gelingt der Sprung vom Ich zum Wir nicht. Auch in der Liebe bleibt das Ich der Bezugspunkt für die Gefühle und das Verhalten. Die Liebesbeziehung ist Teil des eigenen Lebens, eine wichtige Etappe in der eigenen Entwicklung. Paare finden keinen gemeinsamen Mittelpunkt ihres Lebens, der ihre Gefühle und Entscheidungen bestimmen könnte. Das Wir ist ein Hotel, in dem man sich mit dem anderen trifft, aber kein gemeinsames Haus, in dem man lebt. Menschen wagen nicht, sich auf die Verwandlung ihrer Person einzulassen, zu der die Ehe einlädt. Nur wer sich seines Ichs sicher ist, kann es loslassen und in verwandelter Form wieder empfangen. Dies werde ich im dritten Teil noch weiter ausführen.

Verletzter Rückzug

Nichts beglückt mehr als die Liebe, nichts verletzt mehr als sie. Verletzte Liebe kann das Selbstbild eines Menschen erschüttern, seine emotionale Sicherheit rauben und starken Schmerz auslösen. Um gegenseitige Verletzungen zu verhindern, braucht es Fähigkeiten, die in der Ich-Gesellschaft selten sind: Einfühlungsvermögen und Taktgefühl, die Fähigkeit, von einem Wir aus zu fühlen und zu handeln, das Vermögen, eigene Bedürfnisse und Interessen zurückzustellen, bis sich ein geeigneter Zeitpunkt für sie findet. Wo Paare nicht über diese Fähigkeiten verfügen, sammeln sich emotionale Verletzungen an. Es entsteht ein untergründiger Zorn auf den anderen. Die Partner ziehen sich voneinander zurück und entfremden sich im Lauf der Jahre. Der Paartherapeut Michael Lukas Möller beschreibt das so: »Täglich produzieren wir in winzigen Mengen diese Aggressivität. Sie lagert sich – wie ein Sediment – am Boden der Beziehung ab. Paare verbittern nach Jahren und Jahrzehnten, versteinern, haben sich nichts mehr zu sagen.«[18]

Solche Entwicklungen belegen auch Befunde aus der Einfühlungsforschung. Der amerikanische Einfühlungsforscher Robert Ickes hat Experimente durchgeführt, bei denen zwei Versuchspersonen warten mussten und dabei ein Gespräch begannen. Ihr Gespräch wurde auf Video aufgenommen und ihnen hinterher noch einmal vorgespielt. Die Versuchspersonen berichteten, was sie während des Gesprächs gedacht und gefühlt haben. Sie sollten auch einschätzen, was ihr Gesprächspartner wohl gedacht und gefühlt hat. Auf diese Weise lässt sich eine Art Trefferquote für das Einfühlungsvermögen ermitteln. Der ernüchternde Befund für die Ehepaare: Paaren, die noch nicht lang verheiratet waren, gelang die gegenseitige Einfühlung gut. Dagegen konnten sich Paare, die lange verheiratet waren, nicht besser ineinander einfühlen, als es zwei Menschen tun, die sich ganz fremd sind.[19] Solche Ergebnisse beruhen auf Durchschnittswerten. Natürlich gibt es auch Paare, die lange verheiratet sind und sich gut ineinander einfühlen können. Aber in der Regel nimmt die Einfühlung ab, je länger sich ein Paar kennt.

Selbstbezogenheit als Beziehungsgift

Nichts tötet die Liebe schneller als Selbstbezogenheit. Das zeigt schon die Flirtforschung. Wenn sich Mann und Frau begegnen, läuft automatisch ein Flirtprogramm ab, das sich in Videoaufnahmen nachweisen lässt. Menschen flirten selbst dann, wenn sie ihr Gegenüber nicht besonders attraktiv finden. Nur unter einer Bedingung schaltet das Flirtprogramm ab: Wenn sich ein Mensch selbst in den Vordergrund stellt, zu viel redet und zu wenig Interesse zeigt.[20]

Selbstbezogenheit tötet auch dauerhafte Beziehungen. Der amerikanische Eheforscher John Gottman untersuchte, was Beziehungen scheitern lässt. Seine Forschungsergebnisse fasste er zu »fünf apokalyptischen Reitern« zusammen: Kritik, Verteidigung, Verachtung, Rückzug, Machtdemonstration.[21] Diese gefährlichen Verhaltensweisen lassen sich als Ausdruck des narzisstischen Stils verstehen:

- Von einem geschönten Selbstbild aus den anderen gering schätzen (Verachtung) oder infrage stellen (Kritik)
- Sich keine Blöße geben, keine Kritik gelten lassen (Verteidigung)
- Konflikte persönlich nehmen und ihnen ausweichen (Rückzug)
- Die eigenen Interessen auf Kosten des anderen durchsetzen (Machtdemonstration)

Einzelne dieser Verhaltensweisen gefährden natürlich keine Beziehung. Wenn sie sich aber zu einem Beziehungsstil verdichten, zerstören sie die Liebe.

Medienwelt, Erziehung, Arbeit und Liebe – der narzisstische Stil hat alle Bereiche unserer Gesellschaft erfasst. Warum wir so empfänglich dafür sind, zeigt die Entwicklungsgeschichte des narzisstischen Stils.

3. Wurzeln der Selbstbezogenheit

Kleine Kinder befinden sich im narzisstischen Gleichgewicht. Manchmal suchen sie intensiv nach dem Du. Sie gehen auf im Schmusen, im Spiel, im Geplapper mit dem geliebten Menschen. Dann wiederum wollen sie alleine machen, alleine können und dabei möglichst bewundert oder gelobt werden. Sie spiegeln sich in der Bestätigung des anderen, wollen hören, dass sie toll, begehrt und besonders sind. So pendeln kleine Kinder zwischen Du-Bezogenheit und Ich-Bezogenheit. Sie balancieren Ich-Sein und Du-Suche in einer natürlichen Weise aus.

Was muss passieren, dass dieses Gleichgewicht verloren geht und die Selbstbezogenheit überwiegt? Zwei Faktoren wirken dabei zusammen: Das Ich bekommt ein Übermaß an Aufmerksamkeit, manchmal durch unrealistisches, übermäßiges Lob, viel häufiger aber durch übermäßige Kritik und Missbilligung. Das Kind verinnerlicht diese übermäßige Reaktion auf sein Ich und beginnt der Selbstwahrnehmung einen großen Platz einzuräumen. Dadurch entsteht eine Wunde in seinem Ich, eine Selbstwertverletzung, die ein Kind immer wieder zwingt, sich mit sich selbst zu befassen. Auch übertriebenes Lob verletzt den Selbstwert des Kindes. Denn es vermittelt hohe Erwartungen und das Kind spürt, dass es oft hinter diesen zurückbleibt. Kinder, die mit Selbstwertverletzungen rechnen, schützen sich, oft durch übertrieben gutes Verhalten, durch Leistungen und manchmal durch ein Anderssein, das sie zur Schau stellen. In ihrem Selbstwert verletzte Kinder werden überempfindlich gegenüber Kritik, sie weichen Korrekturen aus.

Was dabei psychologisch abläuft, möchte ich im folgenden Modell zeigen:

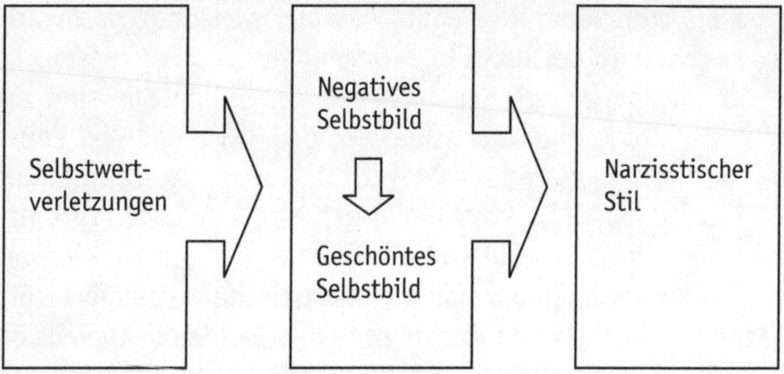

Abb. 2: Entwicklung des narzisstischen Stils

Selbstwertverletzungen führen zu einem negativen Selbstbild. Um das ertragen zu können, bildet ein Kind ein besonders positives Selbstbild aus. Auf kindlicher Ebene kann ein geschöntes Selbstbild so aussehen: besonders brav, besonders aufopferungsvoll oder besonders begabt; aber auch besonders draufgängerisch, besonders sexy/ machohaft oder besonders unabhängig. Es entwickelt sich ein Verhalten, das kein schlechtes Selbstgefühl aufkommen lässt und stattdessen das Ich bestätigt: der narzisstische Stil.

Die Umstände sind vielfältig, durch die der Selbstwert eines Kindes verletzt wird. Aber alle selbstwertverletzenden Lebensgeschichten führen zum gleichen Ergebnis: ein doppeltes Selbstbild, das eine negative und eine geschönte Seite hat. Einige lebensgeschichtliche Umstände, die den Selbstwert verletzen, will ich Ihnen vorstellen:

- Die Eltern konfrontieren ein Kind mit überhöhten Maßstäben, die es nie ganz erfüllen kann: Leistung bringen; musikalisch sein; selbstbeherrscht sein; für andere da sein. Diese eigentlich positiven Erziehungsziele werden so früh und so fordernd an das Kind herangetragen, dass es schließlich verinnerlicht: »Ich bin nicht gut genug.«

- Ein Kind wird abgelehnt, weil es Eigenschaften an sich trägt, die bei den Eltern schlechte Gefühle wecken: In einer harmoniebedürftigen Familie kommt ein Kind zur Welt, das ein aggressives Temperament hat und keine Angst zu kennen scheint. Ein Kind ist einer Oma wie aus dem Gesicht geschnitten, mit der sich die Eltern zerstritten haben. In einer Unternehmerfamilie wird ein Kind geboren, das sensibel ist und künstlerisch interessiert. »Du bist eine Schande für unsere Familie!«, »Du bist wie deine Oma!«, »Du bist aus der Art geschlagen!« Das hören die Kinder, wenn ihre Eltern die Wut packt. Ein abgelehntes Kind verinnerlicht das Gefühl, böse und falsch zu sein. Es erlebt zu wenig Verständnis, das für den Aufbau eines guten Selbstwertgefühls nötig wäre.
- Manche Kinder wachsen in einem Klima von Kritik und Schuldzuweisungen auf. In solchen Familien kann ein Elternteil keine Fehler eingestehen und keine Schuld zugeben. Fehler und Schuld werden beim Kind gewissermaßen entsorgt: Wenn die Eltern streiten, ist das Kind schuld. Wenn es ein Missverständnis gibt, hätte das Kind besser zuhören müssen. Das Kind erlebt sich als ungeschickt, böse und als Last für die anderen.
- Andere Kinder wachsen mit emotional gehemmten Eltern auf. Gewiss, die Eltern reagieren, wenn ihr Kind hungrig ist oder wenn es vom Rad fällt. Sie loben ihr Kind auch, wenn es ein schönes Bild malt. Aber gegenüber den emotionalen Äußerungen des Kindes bleiben sie stumm. Sie reagieren kaum auf die Gefühle des Kindes. Die Eltern »spiegeln« das Kind nicht. Das Kind kann die eigene Traurigkeit nicht in dem mitfühlenden Gesicht der Mutter erkennen; es erhält keine emotionale Reaktion der Eltern, wenn es fürsorglich ist, wenn es scherzt, wenn es sich in seiner Rolle als Mädchen oder Junge erprobt. Ihm fehlt der Spiegel, in dem es das eigene Verhalten sehen kann und einschätzen lernt. In

den emotional zurückhaltenden Eltern blickt das Kind in einen stumpfen Spiegel, in dem es sein Wesen in Umrissen sieht, aber nicht sein Gesicht erkennt. Es bleibt mit seinem eigenen Wesen allein. In sein Selbstwerterleben nistet sich ein Zweifel ein, ob es in Ordnung und willkommen ist.

- Die amerikanische Psychoanalytikerin Alice Miller hat ein »Drama des begabten Kindes« beschrieben, in dem Kinder in ihrem Selbstwert verletzt werden, obwohl sie behütet aufwachsen. Miller beschreibt narzisstisch bedürftige Eltern: »Sie suchen ihr ganzes Leben, was ihnen ihre eigenen Eltern zur rechten Zeit nicht geben konnten: ein Wesen, das ganz auf sie eingeht, sie ganz versteht und ernst nimmt, das sie bewundert und ihnen folgt.«[22] Dieses Bedürfnis richten Eltern auf ihr Kind, das ja verfügbar und formbar ist. Ein solches Kind entwickelt bald ein besonderes Einfühlungsvermögen, eine besondere Rücksichtnahme, Reife und Vernunft. Unbemerkt bleibt, dass es lebt, um das Selbstwertgefühl eines Elternteils zu nähren. Das Kind erleidet eine Selbstverletzung, die sich in der folgenden Frage ausdrückt: »Wie wäre es, wenn ich böse, hässlich, zornig, eifersüchtig, faul, schmutzig, stinkend vor euch gestanden wäre? Wo wäre dann eure Liebe gewesen? Und all das war ich doch auch. Will das heißen, dass eigentlich nicht ich geliebt wurde, sondern das, was ich vorgab zu sein?«[23]

In das Schaubild nehme ich jetzt die Selbstwertverletzungen auf, die zu einem negativen Selbstbild führen:

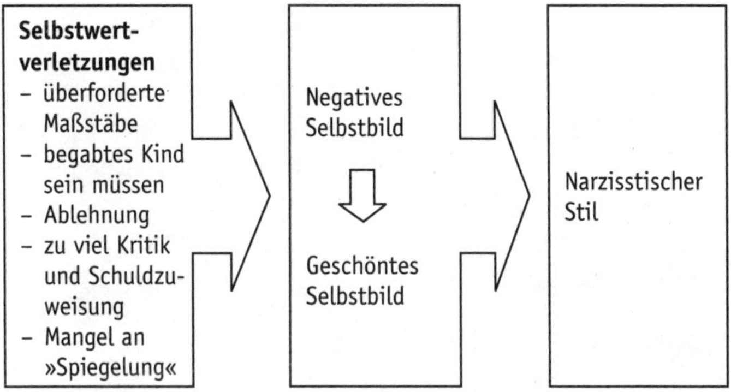

Abb. 3: Entwicklung des narzisstischen Stils

Rainer Sachse, Professor für klinische Psychologie, unterscheidet zwischen erfolgreichem und erfolglosem Narzissmus.[24] Manche haben Erfolg mit ihrem narzisstischen Stil, sie entwickeln sich zu Führungskräften, leistungsfähigen Individualisten oder kreativen Persönlichkeiten. Anderen fehlt die Gelegenheit oder das zwischenmenschliche Geschick, um Erfolge zu erzielen. Sie flüchten sich in Tagträume. Sie suchen Entschuldigungen für ihr unterdurchschnittliches Leben. Manche scheitern immer wieder mit hochfliegenden Plänen.

Der narzisstische Stil prägt sich bei Frauen anders aus als bei Männern. Die Psychotherapeutin Bärbel Wardetzki hat den weiblichen Narzissmus beschrieben und ihn einem typisch männlichen gegenübergestellt:[25]

Männlicher Narzissmus	Weiblicher Narzissmus
• Kampf um Anerkennung und Autonomie • Kompensation der Schwäche durch Grandiosität • Distanziert, vorwiegend uneinfühlsam • Beziehungsablehner (meidend) • Offene Aggressivität, Auflehnung und Abwertung anderer	• Kampf um Anerkennung durch Überanpassung • Kompensation der Schwäche durch Überanpassung, Leistung und Attraktivität • Aufgehen im anderen, Mitfühlen bis zur Übernahme fremder Gefühle • Beziehungsannehmer (klammernd) • Passive Aggressivität, häufig in Form von Verweigerung, Trotz und Selbstabwertung

Der narzisstische Stil von Frauen ist häufig beziehungsorientiert. Aber auch in der Zuwendung zu anderen kann die Pflege eines idealen Selbstbildes im Mittelpunkt stehen. Bei Frauen kann sich ein narzisstischer Stil so äußern:

- die Bedürfnisse und Erwartungen anderer perfekt erfüllen
- für einen andern unentbehrlich sein
- an der Seite eines erfolgreichen, bewundernswerten Mannes leben
- eine makellose Persönlichkeit verkörpern, beispielsweise attraktiv, sexy, perfekt gekleidet, unterhaltsam sein.

Das weiter oben bereits entwickelte Schaubild kann ich nun vervollständigen: Ein Kind verinnerlicht Selbstwertverletzungen in Form eines negativen Selbstbildes. Um sich vor

Minderwertigkeitsgefühlen zu schützen, formt das Kind ein besonders positives Selbstbild aus. Die Spannung zwischen dem negativen und idealen Selbstbild formt die weitere seelische Entwicklung. Denken, Wahrnehmung und Verhalten richten sich zu einem narzisstischen Stil aus, der vor einem negativen Selbstgefühl schützt und das geschönte Ich bestätigt. Der narzisstische Stil hat unterschiedliche Gesichter, je nachdem, welche Selbstwertverletzungen vorliegen und je nachdem, welche Begabungen und Lebensumstände einem Menschen zur Verfügung stehen, um ein negatives Selbstbild auszugleichen.

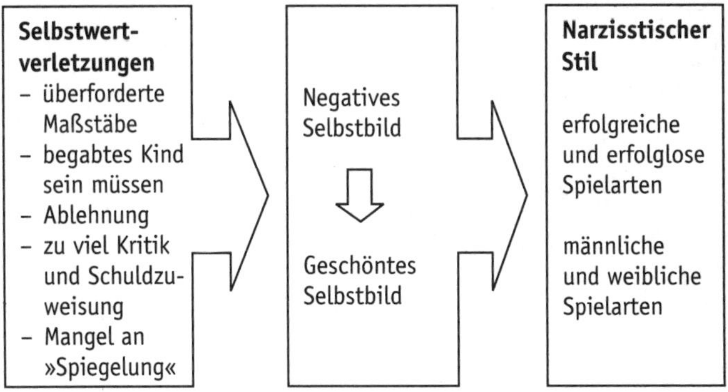

Abb. 4: Entwicklung des narzisstischen Stils

Es gibt viele Hinweise, dass immer mehr Menschen einen narzisstischen Stil entwickeln.[26] Wir befinden uns in einem gesellschaftlichen Wandel, der das Gleichgewicht vom Wir zum Ich verschiebt. Das setzt eine Wechselwirkung in Gang zwischen dem Einzelnen und der Gesellschaft, in der er lebt. Dabei kann man kaum erkennen, was Ursache und was Wirkung ist: Zerfallen unsere Familien, weil Menschen zu ich-betont leben? Oder leben Menschen ich-betont, weil das Wir ihrer Familie zerbrochen ist? Verliert die Gemeinschaft an Wert, weil jeder seine Bedürfnisse auch ohne die andern befriedigen kann? Oder ist der Konsum schon eine Ersatzbefriedigung, weil dem Einzelnen die emotionale Verbindung mit anderen fehlt? Verfallen Wertegemeinschaften wie Familie und Kirche, weil der Einzelne es vorzieht, sich für alle Lebensbereiche einen eigenen Experten zu suchen? Oder braucht er die Experten, weil er sich keiner Wertegemeinschaft zugehörig fühlt?

Wie auch immer: Unsere Gesellschaft bringt ein Lebensgefühl von Selbstunsicherheit hervor und das Gefühl, auf sich alleine gestellt zu sein. Und als Lösung dafür bietet sie den narzisstischen Stil: »Leiste und gewinne dadurch die Sicherheit, wertvoll, wichtig und liebenswert zu sein! Lebe in einer Weise, die deine Persönlichkeit spürbar macht – für dich und andere!«

II. Selbstverwirklichung

1. Chancen der Selbstverwirklichung

Der narzisstische Stil hat seine positiven Seiten, besonders wenn er nicht allzu stark ausgeprägt ist. Er macht Menschen selbstbewusst – im tieferen Sinne des Wortes: Menschen werden achtsam für ihre Begabungen und Sehnsüchte. Sie gewinnen Profil. Und manche machen sich auf einen Weg, auf dem sie ihre Selbstverwirklichung in den Dienst anderer stellen.

Selbstbewusstsein

Es braucht Selbstbewusstsein, um zur eigenen Person zu stehen. Selbst gute Beziehungen haben ihre Tabus. Viele Erfahrungen dürfen den Raum von Freundschaft und Partnerschaft nicht betreten: tiefe Gefühle, die für andere schwer verständlich sind; Schuld und Versagen; verbotene Gefühle wie Hass, Neid und Eifersucht. Aber auch die Größe eines Menschen bleibt Geheimnis. Wer sagt schon: »Du, es gibt eine Sache, die kann ich besser als jeder, den ich kenne. In diesem Bereich habe ich eine Sensibilität, eine schöpferische Kraft, einen Erfahrungsschatz, die selten sind.« Wir fürchten, als eingebildet zu gelten oder als jemand, der sich überschätzt – und wir schweigen.

Selbstbewusste Menschen wagen sich in einen Beziehungsraum, in dem sich Blöße und Größe zeigen dürfen. Wo das geschieht, machen Menschen befreiende, inspirierende Erfahrungen. Annahme und Wertschätzung vertiefen sich, es entsteht Intimität: eine tiefe menschliche Berührung, die Kraft gibt und verbindet.

Wir begegnen Selbstbewusstsein in einem Vorgesetzten, der zugibt, dass ein Mitarbeiter eine Sache besser kann als er. Er hat diese Freiheit, weil er um seine eigenen Qualitäten weiß. Wir begegnen Selbstbewusstsein in einem Menschen, vor dem man sich blamieren darf, weil er um seine eigenen Schwächen weiß. Wir begegnen Selbstbewusstsein im Freund, der aushält, wenn man sich einmal über ihn ärgert. Er weiß, dass das seinen Wert nicht infrage stellt und er weiß, dass sich auch in seine eigene Zuneigung gelegentlich Zorn mischt.

Der Umgang mit selbstbewussten Menschen entspannt. Man muss keine übertriebene Rücksicht auf sie nehmen. Sie können sagen, was sie wollen. Sie nehmen es nicht persönlich, wenn etwas schiefgeht. Und weil sie um ihren Wert wissen, können sie andere wertschätzen.

Profil

Profil – das sind die Ecken und Kanten eines Menschen, an denen man sich stoßen kann. Sie nötigen andere zu Respekt, sie markieren einen Standpunkt, sie schützen vor Vereinnahmung. »Hier stehe ich und kann nicht anders«, sagte Martin Luther und nahm einen Standpunkt ein, der die Welt veränderte.

Menschliches Zusammenleben folgt oft unmenschlichen Spielregeln: »Die Starken teilen den Kuchen unter sich auf, den Schwachen bleiben die Reste.«, »Besser kurzfristige Vorteile als langfristige Erträge.«, »Moral gilt für die anderen.« In jeder Gemeinschaft wirken Kräfte, die sie nach unten ziehen. Diese moralische Schwerkraft braucht Gegenkräfte, damit eine Gemeinschaft im Gleichgewicht bleibt. Das Gegengewicht schaffen Menschen mit Profil, die zum Anstoß werden, die unbequeme Wahrheiten aussprechen und die sich querstellen.

Das Profil von Menschen formt sich durch unterschiedliche Kräfte:

Wachsamkeit: »Ich sehe Dinge auf uns zukommen, die nicht gut für uns sind. Wenn wir die Augen schließen, hat das üble Folgen.«

Beschützerinstinkt: »Da geht jemand in den Anforderungen unter.«, »Da wird einer zum Opfer von Stärkeren. Das darf nicht sein.«

Mitgefühl: »Auch wenn jemand einen schlimmen Fehler macht – wir dürfen ihn nicht im Regen stehen lassen.«, »Ja, sie benimmt sich manchmal daneben. Aber wir sollten sie trotzdem nicht ausgrenzen.«

Aufrichtigkeit: »Unser Produkt ist nicht so toll, wie es angepriesen wird. Also lasst uns bescheiden sein und an Verbesserungen arbeiten.«, »Alle tun so, als wäre es ein Vorrecht, bei uns ein Praktikum zu machen. Aber wenn wir ehrlich sind: Wir nutzen unsere Praktikanten aus.«

In allen Fällen braucht es den Mut, die eigene Überzeugung einer Mehrheit gegenüberzustellen. Hier muss sich das Ich gegen das Wir stellen, eine Fähigkeit, die der narzisstische Stil begünstigt. Gewiss, man kann es übertreiben. Wer grundsätzlich dagegen ist, wird zum Blockierer oder Besserwisser. Menschen mit Profil können sich auch anpassen. Doch sie erkennen die Schlüsselsituationen, in denen man sich gegen die anderen stellen muss.

Durchbruch zu einer persönlichen Berufung

Wo immer wir in Gemeinschaft stehen, ist unser Einsatz gefordert. Unser Chef, die Kollegen und Kunden wünschen sich oft mehr von uns, als wir geben können. Dem entfliehen wir nach Feierabend, nur um zu Hause vor neuen Erwartungen zu stehen, denen unseres Ehepartners, unserer Kinder, unserer Verwandten, Freunde und Nachbarn. Alle haben Wünsche und Bedürfnisse. Alle haben eine Vorstellung, wie ich sein sollte, als guter Ehemann, Vater, Freund und Nachbar. Nichts wie weg. Ich packe die Sporttasche, um mich beim Basketball zu entspannen. Doch dort wird noch dringend ein Mitspieler gesucht für das Turnier am Sonntag. Einer müsste ein Weihnachtsgeschenk für den Trainer besorgen. Und Anfang kommenden Jahres braucht der Verein einen neuen Kassenwart.

Wir können nur einen Teil der Erwartungen erfüllen, die andere Menschen an uns richten. Menschen überfordern sich, weil sie zu viele Erwartungen erfüllen. Das Leben erschöpft mich, wenn ich zu viel mache, besonders, wenn ich zu viele Aufgaben übernehme, für die ich keine Leidenschaft habe. Wer das spürt und einen Ausweg sucht, gerät in einen Konflikt. Er muss Nein sagen. Er muss Menschen enttäuschen. Wer die Erwartungen nicht erfüllt, die an ihn gestellt werden, fühlt sich schlecht. Sein Selbstwerterleben kommt unter Druck.

Der Mensch braucht ein Leitbild, an dem er sich orientieren kann, wenn ihn Wünsche und Erwartungen bedrängen. Dieses Leitbild nenne ich eine persönliche Berufung: den besonderen Platz, den ein Mensch in der Gemeinschaft ausfüllen kann, eine Lebensaufgabe, die Energie und Leidenschaft freisetzt.[27] Berufen werden heute Minister und Professoren. Doch das Wort Berufung hat seinen Ursprung im christlichen Glauben: Die von Gott geschenkten Fähigkeiten führen den Menschen in eine Aufgabe, die er verantwortlich ausfüllt. Nur wenige Menschen haben ein übernatürliches Berufungserlebnis. Die anderen müssen ihre Berufung suchen. Sie blicken zurück auf ihren Lebensweg und suchen nach einem roten Faden. Sie orientieren sich an Vorbildern. Sie bitten Gott um Weisung. Menschen gehen erste Schritte in eine Richtung, die ihnen richtig erscheint. Allmählich zeichnet sich ein Weg ab. Es entsteht eine Leidenschaft, die vorantreibt. Menschen mit einer narzisstischen Wunde suchen ihre Berufung oft konsequenter, weil sie eine Wahrheit über sich suchen, die jenseits des negativen und des geschönten Selbstbildes liegt.

Wer seine Berufung kennt, zumindest in Umrissen, dem fällt es leichter, Nein zu sagen. Er blickt auf sein Leitbild und wird Erwartungen erfüllen, wenn sie mit diesem in Einklang sind.

Und er wird Erwartungen enttäuschen, die er nicht erfüllen kann, ohne sich von seiner Lebensvision zu entfernen.

Guido hat eine IT-Firma gegründet, weil er lieber selbstständig arbeitet. Von seinem finanziellen Erfolg ist er selbst überrascht. Seinen relativen Reichtum empfindet Guido als soziale Verpflichtung. Zunächst unterstützte er Menschen wahllos: Verwandte in finanzieller Not, Geschäftspartner, die sich finanziell übernommen hatten, ja bald offenbarten sich Menschen mit Geldsorgen, wo immer Guido auftauchte. Als wäre es ihm anzusehen, dass er etwas zu verteilen hat. Guido erkannte bald, dass er mit seiner Hilfe nur Strohfeuer entfachte. Wer sich einmal in finanzielle Not bringt, kann es auch ein zweites Mal tun. Guido wurde kritischer. Heute reagiert er nicht mehr reflexhaft auf Geldsorgen, auch wenn ihn noch Schuldgefühle plagen, wenn er nicht einspringt. Eine Weile war Guido verwirrt und ratlos, dann entdeckte er seine Leidenschaft: das Potenzial junger Menschen fördern, denen die Mittel dazu fehlen. Guido investierte in die Ausbildung seiner Mitarbeiter, die er inzwischen anstellen musste. Er fand eine Hilfsorganisation, die jungen Menschen in Entwicklungsländern ein Studium finanziert. Guido ist auch mit dem Arbeitsamt im Gespräch, ob man Menschen nicht mit einem IT-Coaching auf die Beine helfen könnte. Zusätzlich zu den Umschulungskursen will Guido arbeitslose junge Menschen für zwei oder drei Jahre bei ihrer Entwicklung und Jobsuche begleiten.

Guido war zunächst in die Rolle des Retters und Gönners gerutscht, er hat ein Idealbild verkörpert, das an der Wirklichkeit zerbrechen musste. Doch heute kann er der Versuchung widerstehen, als Retter aufzutreten. Auf dem Weg zu seiner Berufung hat er ein Leitbild entwickelt, das bescheidener ist, dadurch aber auch wirklichkeitsnäher und effizienter.

In diesem Kapitel habe ich die positiven Seiten des narzisstischen Stils beschrieben: eine Sensibilität für den eigenen

Wert, die selbstbewusst macht und die Menschen auf den Weg bringt, eine bedeutsame Lebensaufgabe zu suchen. Diese guten Wege beginnen beim Ich, finden aber ihren Weg zum Du. Wo diese Selbstöffnung nicht gelingt, bleibt das Ich in sich gefangen. Dann werden die negativen Seiten des narzisstischen Stils sichtbar, die das nächste Kapitel zeichnet.

2. Grenzen der Selbstverwirklichung

Es gibt eine einseitige Selbstverwirklichung, die nicht auf ein Du abzielt und die sich nicht in den Dienst eines Wir stellt. Sie bringt selbstbezogene Menschen hervor, die in zwei narzisstischen Mechanismen gefangen sind: Empfindlichkeit und Einfühlungsmangel. Narzisstische Persönlichkeiten entfremden sich von ihrem wahren Ich und finden kaum noch zur Erfahrung echter menschlicher Nähe.

Empfindlichkeit

Der Alltag versetzt unserem Ich oft schmerzhafte Nadelstiche: Ungerechte Kritik, ein Witz auf meine Kosten, Misstrauen, wenn ich nicht beachtet werde, wenn sich ein anderer ein falsches Bild von mir macht, wenn mich jemand behandelt, als sei ich begriffsstutzig oder als hätte ich keine Rechte. Wenn das Ich eines Menschen verletzt wird, spricht man von einer Kränkung. Normalerweise schmerzt eine Kränkung kurz, dann ist sie vergessen. Jeder Mensch hat eine seelische Haut, die ihn vor Verletzungen schützt.

Wenn aber zwei Bedingungen erfüllt sind, dann verletzt die Kränkung den Selbstwert nachhaltig:

1. Ich nehme die Kränkung persönlich: »Der denkt wohl, ich bin der letzte Mensch!« statt: »Der hat einen schlechten Tag« oder »Der behandelt alle von oben herab.«

2. Die Kränkung verknüpft sich mit meinem negativen Selbstbild. Ein Teil von mir glaubt, dass die Missachtung berechtigt ist: »Ja, vielleicht bin ich ja wirklich so dumm, wie der andere mich gerade sieht.«

Jetzt ist es passiert. Die seelische Haut ist verletzt, eine Wunde ist entstanden. Jetzt geht der Schmerz tiefer. Jetzt wird er nicht mehr so schnell nachlassen. Dann beschäftigt sich ein Mensch mit seiner Wunde: »Ich muss mich wehren. Ich muss wieder ein positives Selbstbild herstellen. Ich muss den anderen dazu bringen, mich besser zu behandeln!«

Wer einmal darauf achtet, wird im Alltag viele Situationen entdecken, in denen Menschen aus einer Kränkung heraus handeln:

- Ich spreche eine Erzieherin im Kindergarten an, in den meine Tochter geht. Anna hat morgens manchmal wenig Hunger. Deshalb sage ich, dass Anna ihr Frühstück nicht immer aufessen muss. Die Erzieherin schließt wohl aus dieser Aussage, dass ich in ihr eine uneinfühlsame, harte Frau sehe, die Kinder zum Essen zwingt. Denn sie betont, dass Kinder zum Frühstücken angehalten, aber natürlich nicht gezwungen werden. Sie erwähnt Eltern, die ausdrücklich wünschen, dass ihre Kinder das Frühstück aufessen. Sie erklärt, wie leicht Kinder ablenkbar sind und vergessen zu frühstücken, obwohl sie eigentlich hungrig sind. Mit ihren Erläuterungen richtet die Erzieherin wieder ein positives Bild von sich auf: »Ich bin aufmerksam und kompetent. Ich führe die Kinder, aber selbstverständlich ohne Zwang.« Im Spiegel dieser Reaktion fühle ich mich wie ein Kritiker, dem jedes Verständnis und jede Einfühlung fehlt. Die Erzieherin hat mein Selbstwertgefühl belastet, als sie versucht hat, ihres wiederherzustellen.
- In meiner Ausbildungszeit besprach ich meine ersten Therapien mit erfahrenen Fachkollegen, sogenannten Super-

visoren. Einer dieser Supervisoren verhielt sich überkritisch. Er ließ kein gutes Haar an meiner Therapieplanung und an meiner Art, mit Patienten umzugehen. Um unsere Zusammenarbeit zu verbessern, sprach ich ihn auf sein Verhalten an. Gerade als Anfänger sei ich doch auf ermutigende Rückmeldung angewiesen. Was jetzt kam, traf mich völlig unerwartet. Mein Supervisor begann, seine kritische Haltung zu rechtfertigen. Er zählte die unterschiedlichsten Defizite auf, die er bei mir wahrnahm, als wollte er sagen: »So wie Sie arbeiten, kann ich nur kritisch sein.« Mein Wunsch nach ermutigenden Rückmeldungen beinhaltete eine vorsichtige Kritik. Die muss meinen Supervisor gekränkt haben. Vor mir saß ein anerkannter Experte für Kommunikation und Beziehungsgestaltung. Doch die Kränkung ließ ihn alles bessere Wissen vergessen. Sein Verhalten reduzierte sich auf den Reflex, ein positives Bild von sich zu bewahren. Mein Supervisor musste meinen Selbstwert zu Boden drücken, um sein Selbstwertgefühl oben zu halten.

Empfindlichkeit kann das Miteinander sehr kompliziert machen. Sehen sich empfindliche Menschen infrage gestellt, verteidigen sie sich oder sie greifen ihr Gegenüber an. Manchmal ziehen sie sich auch kühl zurück. Empfindlichkeit ist die Folge einer überstarken Wahrnehmung des eigenen Ich. Wenn die Wahrnehmung des Ich zulasten der Wahrnehmung anderer geht, entsteht ein weiteres Problem.

Einfühlungsmangel

Wenn ich mich einfühlen will, muss ich mich verlassen und mich zum anderen begeben. Ich schlüpfe in die Haut des anderen. Ich sehe die Welt mit seinen Augen. Wenn ich mich einfühle, spiegeln meine Gefühle nicht mehr mein eigenes Befinden, sondern das Befinden des anderen. Die Traurigkeit des anderen berührt mich, oder seine Freude, seine Scham, seine

Enttäuschung. Einfühlung ist die Kunst, das Du für einige Augenblicke ganz im Mittelpunkt stehen zu lassen.

Was aber, wenn ich an mein Ich gebunden bin? Die Angst um das eigene Selbstbild kann es unmöglich machen, das Ich für einige Augenblicke loszulassen. Dann gelingt mir der Weg zum anderen nicht, ich komme nicht beim anderen an.

Lars kann ziemlich schlecht zuhören. Er fragt mich: »Wie geht's?« Ich berichte von meiner Arbeit. Doch nach wenigen Sätzen unterbricht mich Lars und wechselt das Thema. Wieso lässt er mich nichts erzählen? Lars ist in seinem Beruf mindestens so erfolgreich wie ich. Kann er es trotzdem nicht ertragen, dass ich in meinem Bereich Erfahrungen mache, die ihm verschlossen bleiben? Vermutlich, denn Lars berichtet von einem Kollegen, dem eine Psychotherapie überhaupt nicht geholfen hat. Gut, dann lieber private Themen. Als eine kurze Gesprächspause entsteht, berichte ich von meiner Familie. »Ja, ich weiß«, sagt Lars und wechselt das Thema. Warum lässt mich Lars nicht zu Wort kommen? Ich gebe meinen Wunsch auf, etwas von mir mitzuteilen. Warum jemandem etwas aufdrängen, das er nicht hören will? Wir telefonieren noch zwanzig Minuten. Lars kann lebendig erzählen und schätzt es, wenn ich nachfrage oder einen Kommentar abgebe. Aber von meiner Welt hat Lars nichts mitbekommen. Nahe ist er mir nicht gekommen. Und mich hat das Gespräch frustriert. Ich frage mich, ob ich auch solche Momente habe, in denen ich für die Welt des anderen verschlossen bin.

Auch der Einfühlungsmangel macht das Zusammenleben schwer. Er führt zu unnötigen Verletzungen:

- Ich kritisiere jemanden in einem Augenblick, in dem er Kritik nicht verkraften kann: wenn er gerade einen peinlichen Fehler gemacht hat oder einen Misserfolg verschmerzen muss.

- Ich übersehe, dass ein anderer Trost braucht oder eine Entlastung. Ich gehe zur Tagesordnung über, obwohl der andere dazu emotional gar nicht in der Lage ist.
- Ich verlange vom anderen Dinge, die gar nicht mit seinen Bedürfnissen und Zielen in Einklang sind. Ich verlange Dinge, die den anderen im Augenblick überfordern.
- Ich berühre Themen, die dem anderen peinlich sind, wie seine Figur, eine berufliche Sackgasse oder eine Liebesbeziehung, die nicht funktioniert.

Empfindlichkeit und Einfühlungsmangel machen es schwer, gute Beziehungen aufzubauen. Aber auch am eigenen Ich werden ihre Folgen spürbar, an einem Intimitätsmangel und einer Entfremdung vom wahren Ich.

Mangel an Intimität

Wir sehnen uns nach emotionaler Berührung mit anderen Menschen: nach Momenten der Vertrautheit, nach tiefem Einverständnis, nach der Erfahrung, in seelischer Hinsicht nackt sein zu dürfen, weil der andere uns in unserer Blöße annimmt. Narzissmus verhindert diese Erfahrung. Wer in seinem Ich gefangen ist, kann sich dem Du nicht öffnen. Empfindlichkeit führt immer wieder zum emotionalen Rückzug. Einfühlungsmangel beschränkt eine Begegnung auf das Äußerliche, es findet keine emotionale Berührung statt.

An einem emotionalen Hunger bemerken Menschen, dass ihnen etwas fehlt. Oft ohne es zu wissen, sind sie auf der Suche nach Intimität. Besonders wenn das äußere Leben gelingt, wirft der innere Hunger Fragen auf: »Ich habe doch alles: einen Partner, Freunde und Anerkennung von Kollegen. Was fehlt mir?« Unbemerkt bleibt, wie Empfindlichkeit und Einfühlungsmangel verhindern, dass es zu einer menschlichen Berührung kommt.

Mit verschiedenen Mitteln versuchen Menschen Intimität zu erzwingen. Die einen entblößen sich selbst. Viel zu früh offenbaren sie intime Details aus ihrem Leben, oft gegenüber Menschen, die sie noch kaum kennen. Wenn sich der andere mitreißen lässt und sich auch enthüllt, dann entstehen einige Momente von rauschhafter Intimität. Doch wie jedem Rausch fehlt diesen Momenten die Nachhaltigkeit. Sie nutzen sich im Alltag ab. Ganz Ähnliches erleben Menschen, die Intimität auf dem Weg sexueller Erfahrungen suchen. Sie finden aber nur sexuelle Erlebnisse, nicht die emotionale Berührung, die sie suchen.[28] Andere weichen auf Ersatzbefriedigung aus. Das Fernsehen zeigt Menschen, die das Risiko emotionaler Beziehungen auf sich nehmen. Sie erleben tiefe Gefühle, die oft durch dramatische Umstände gesteigert werden. Ihr Glück, ihr Aufgewühltsein, ihre innere Berührung kann ich als Zuschauer miterleben. Ich begegne Menschen in Talkshows, die sich entblößen und mir Momente der Intimität schenken. Als Mann öffnet sich mir die Welt der Pornografie. Dort kann ich mich in intime Zweisamkeit hineinfantasieren. Frauen zeigen mir ihr Intimstes, ich darf sie seelisch berühren, ohne mich verwundbar zu machen.

Intimität scheint mir das Gut zu sein, das in Werbung und Medien besonders vermarktet wird: in Form von Nacktheit und einer Enthüllung der Privatsphäre. Eine narzisstische Gesellschaft ist auch eine pornografische Gesellschaft, besonders wenn man auch die seelische Entblößung als Pornografie versteht. Unsere Gesellschaft stillt einen Mangel, den sie selbst erzeugt. Doch Ersatzbefriedigungen sind flüchtig, langfristig verstärken sie den emotionalen Hunger. Außerdem lenken sie von der eigentlichen Aufgabe ab: zu echter Intimität fähig zu werden.

Entfremdung vom wahren Ich

Wer gegen ein negatives Selbstbild kämpft und darum ringt, ein Idealbild zu verkörpern, entfremdet sich von sich selbst (vgl. Schaubild S. 15). Mein wahres Ich – das sind meine Gefühle und Bedürfnisse, meine Vorlieben und Wünsche, meine Werte und Ziele. Mein Ich hat sich in einer langen Geschichte geformt. Ich habe Liebe und Förderung erfahren, bin verletzt und eingeschränkt worden. Das alles hat mich geprägt und beeinflusst, wie ich heute die Welt sehe und wie ich auf sie reagiere. Psychologisch gesehen gibt es mein Ich gar nicht allein. Ich bin immer nur ein Teil einer Ich-Du-Beziehung. Ängstlich bin ich nur angesichts von Menschen, die mich bedrohen oder bedroht haben. Ehrgeizig bin ich nur angesichts von Menschen, die mich anspornen oder für die ich etwas leisten will. Glücklich bin ich nur angesichts von Menschen, die mich lieben und zu deren Glück ich beitragen kann.

Auf diesem Hintergrund kann ich zeigen, wie sich Menschen von ihrem Ich entfremden können:

- Menschen unterdrücken ihre Gefühle und Bedürfnisse, weil sie nicht in das Bild passen, das sie verkörpern wollen.
- Menschen trennen sich von ihrer Geschichte. Sie leugnen die Prägungen durch ihre Lebensgeschichte. Sie tun, als könnten Sie bei Null anfangen und ihre Persönlichkeit so formen, wie es ihnen beliebt.
- Menschen lösen sich aus ihren Ich-Du-Beziehungen. Sie leugnen ihre Abhängigkeit von einem Du, an dem ihre Persönlichkeit erst lebendig wird und sich entfalten kann.

Was bleibt, wenn ich meine tiefen Gefühle und Bedürfnisse unterdrücke? Wenn ich mich von meiner Geschichte abschneide? Wenn ich leugne, dass ich ein Beziehungswesen bin? Zunächst bin ich einen Ballast los, der mein Selbstwertgefühl beschwert hat. Denn meine tieferen Gefühle sind oft kindlich und peinlich. Meine Geschichte hat beschämende Seiten. Und die Liebe anderer Menschen ist immer unvollkommen, ganz versteht mich keiner. Mich von all dem zu trennen ist wie ein Befreiungsschlag für das Selbstwertgefühl. Aber es bleibt nicht viel von mir übrig: ein Baukasten aus Fähigkeiten, Eigenschaften und Lebenschancen, aus dem ich eine neue Identität zusammensetzen muss. Aber die ist konstruiert. Sie kommt nicht aus der Tiefe. Sie kann kein Gefühl persönlicher Lebendigkeit erzeugen, auch keine stimmige Identität. Nun entsteht ein Zwang zur Selbstvergewisserung. In alle Lebensvollzüge dringt die Frage nach dem Ich. Mein Frühstück wird zur Frage meines persönlichen Stils, die Kleidung, in die ich schlüpfe, drückt etwas von mir aus. Mein Deo unterstreicht meine Männlichkeit oder mein Umweltbewusstsein. Behandelt mich die Sekretärin mit Aufmerksamkeit und Respekt? Zumindest der Chef zeigt mir deutlich, dass er sich heute auf mich verlässt. Das Leben liefert mir die Prothesen, die ein Ich stützen, das ich selbst amputiert habe. Das ist der zweite große Markt, den Werbung und Medien bedienen: Prothesen für unser Selbstgefühl. Es werden keine Waren mehr verkauft, sondern ein Lifestyle und Möglichkeiten, eine Identität aufzubauen.

3. Ich sein, um Du zu werden

Die letzten beiden Kapitel haben die Chancen und Gefahren der Selbstverwirklichung beschrieben. Nun soll das Ich in einem größeren Rahmen betrachtet werden, der auch den Sinn des Lebens und die Gottesbeziehung eines Menschen einschließt. »Wie steht der christliche Glaube zum Ich?« – von dieser Frage lasse ich mich in diesem Kapitel leiten. In drei Punkten wage ich eine Antwort:

- Glaube stärkt das Ich
- Glaube beginnt beim Ich
- Glaube befreit zum Selbstverlust

Glaube stärkt das Ich

Ein kirchlicher Führer stolpert über sein Ich: Sein starkes Ich hat ihn an die Spitze einer christlichen Gemeinschaft geführt. Sein Auftreten beeindruckt, seine Worte überzeugen, sein Weg scheint der beste zu sein. Nun bemerkt der kirchliche Führer, wie er seine Autorität missbraucht hat, um sein Bedürfnis nach Anerkennung zu stillen. Er hat Menschen zum Schweigen gebracht, nur weil sie anders denken. Er hat die Gemeinschaft nach seiner eigenen Befindlichkeit geformt. Der kirchliche Führer erschrickt über sein Ich und leitet eine Wende ein. Seine Verkündigung bekommt ein neues Thema: »Keine Chance dem Ich! Das Ich muss sich vollständig unter die Herrschaft Gottes beugen. Das Ich muss sterben, damit Gott einen neuen Menschen schaffen kann, der Gott dient und für den anderen da ist.« Dieser Pendelschlag ins Gegenteil tut dem kirchlichen Führer gut. Er lernt, auf die zu hören, die in der Gemeinschaft wenig gelten. Er nimmt sich zurück und entdeckt, wie gut ihn andere ergänzen und wie sie den Freiraum nutzen, um zu verantwortlichen Christen zu reifen. Mit seiner Botschaft trifft der kirchliche Führer aber nicht nur auf seinesgleichen. Seine Botschaft prägt auch Menschen, deren Ich schwach und unsicher ist.

Auch der Ich-Schwache folgt der Botschaft »Keine Chance dem Ich!«. Er stellt die kleinen Freuden des Alltags zurück und versucht, sich nützlich zu machen. Der Ich-Schwache fügt sich fremden Wünschen, selbst wenn sie unreifen Motiven entspringen und auch wenn er sich dadurch erschöpft. Der Ich-Schwache konnte sich noch nie gut von den Wünschen anderer abgrenzen, aber unter dem Einfluss der neuen Botschaft wird er wehrlos. Wo er früher schüchtern war, erlebt er menschlichen Kontakt nun bedrohlich. »Menschenfurcht«, stellt ein Seelsorger fest, an den sich der Ich-Schwache wendet. Nur Gott müsse man fürchten, alles andere sei ein ängstliches Festhalten am Ich. Wenn ein ohnehin unsicheres Ich weiter geschwächt wird, reagiert die Seele mit Selbsterhaltungsreflexen, die sich der bewussten Kontrolle entziehen. Der Ich-Schwache entdeckt immer mehr selbstsüchtige Neigungen, die sich nicht mehr kontrollieren lassen. In seiner Familie zeigt er Wutanfälle, die ihm niemand zutrauen würde. Manchmal empfindet er Hass auf die Menschen, die er lieben will. Er hat Fantasien, sich von der christlichen Gemeinschaft zu trennen, es zieht ihn in die Gottesferne. Mit all dem sucht er den kirchlichen Führer auf, um eine Beichte abzulegen. Dieser kennt ein solches Aufbäumen der Seele. Er kann seine Erfahrung weitergeben: »Das dauert nur ein paar Wochen. Dann ist die Übermacht des Ich gebrochen. Dann erlebst du einen tiefen inneren Frieden.«

Diese Geschichte ist natürlich nicht repräsentativ für kirchliches Leben, aber sie hat sich schon oft abgespielt – zu unterschiedlichen Zeiten, in unterschiedlichen Spielarten, mit glücklichem Ausgang und tragischem Ende. In der Ich-Gesellschaft hat das Ich auch unter Christen einen besseren Stand. Dennoch wird der Kampf gegen das Ich auch noch heute geführt, besonders wenn sich christliche Gemeinschaften stark gegen den Zeitgeist abgrenzen.

Wenn ich als Psychologe in die Bibel schaue, finde ich dort eine ich-stärkende Botschaft. Auch bedeutende Kirchenführer machten sich zum Anwalt des Ich. So werden Ich-schwächende Gebote von der christlichen Verkündigung als falsch entlarvt:

Ich-schwächendes Gebot	Ich-stärkende Botschaft
Mache keine Fehler!	Die jüdisch-christliche Tradition ruht auf den Schultern von fehlerhaften Menschen: von Ehebrechern (David), Glaubensverleugnern (Petrus, Markus) und sogar von Menschen, die anderen den Tod brachten (Mose, Paulus). »Liebe, und tue, was du willst«, lehrte der Kirchenvater Augustin. »Sündige tapfer!«, riet Martin Luther seinem ängstlichen Freund Melanchthon.
Sage nicht Nein! Sei anderen zu Willen!	Jesus verweigerte sich den religiösen Vorschriften, der Sozial- und Geschlechterordnung. Jesus verweigerte sich manchmal seiner Familie. Paulus verweigerte sich Petrus. Luther verweigerte sich seinen kirchlichen Vorgesetzten.
Du musst dich schämen!	Die Gottesbegegnung, die Jesus Christus vermittelt, stellt zuerst das beschädigte Ich des Menschen wieder her: bei einer ertappten Ehebrecherin (vgl. Joh. 8,1-11), beim betrügerischen Steuereintreiber (vgl. Lk. 19,1-10), bei einem blind geborenen Mann (vgl. Lk. 18,35-43) und im Gleichnis bei einem anmaßenden und verschwenderischen Sohn (vgl. Lk. 15,11-32).
Stelle deine Wünsche zurück!	Das neue Testament leitet zu Gebeten an, die selbstsüchtig wirken könnten. Die Bibel arbeitet mit dem Belohnungsprinzip: Kein Einsatz für Gott bleibt unbelohnt.

Gott fordert zwar Korrigierbarkeit, aber keine Ich-Schwäche. In vielen biblischen Biografien lässt sich der Prozess der Ich-Stärkung nachvollziehen: bei Abraham, Mose, Maria, Martha, Petrus oder Paulus. Gott formt starke Persönlichkeiten, wenn sich Menschen auf ihn einlassen.

Glaube beginnt beim Ich

Es kann einem schon unheimlich werden, wenn die Bibel eine existenzielle Einsamkeit zeichnet, in der jeder Mensch steht.

Letztlich steht der Mensch allein vor seinem Gott. Er verantwortet sein Tun und muss entscheiden, wie er sich zu seinem Schöpfer stellt.

Kein anderer Mensch hat Zutritt zu diesem Ort der Verantwortung. Wir wünschen uns Zutritt, wenn wir einen geliebten Menschen aufrütteln und von einem falschen Weg abbringen wollen. Die Bibel beschreibt aber die Vergeblichkeit solcher Versuche, zum Beispiel im Gleichnis von einem reichen Mann, der sein Leben vertan hat und nun gerne seine Brüder warnen würde (vgl. Lk. 16,19-31).

Doch was ist das für ein Gott, vor dem ich allein stehe? Nach der biblischen Botschaft hängt das von meiner Haltung ab. Dem Selbstgerechten wird Gott zum Gegner, weil er Anwalt ist all derjenigen, die Gewalt erfahren haben, benachteiligt oder in ihrer Not übersehen wurden. Den Überheblichen überlässt Gott sich selbst und den Folgen seiner Selbstbezogenheit. Ganz anders ist der Gott derer, die ihr Unvermögen spüren, gut zu sein, und die sich nach einem liebenden Gegenüber ausstrecken. Ihnen begegnet ein verzeihender Gott, der darauf verzichtet, erkannte Schuld noch einmal vorzurechnen. Ihnen begegnet Gott als einer, der sie in seine bergende Gemeinschaft aufnimmt, der tröstet, beglückt, heilt und befreit. Diese Erfahrung verdichtet sich im Bild vom Vater im Himmel, das Jesus häufig gebraucht.

Selbstöffnung führt zu Gott, Selbstbezogenheit kann eine Beziehung zu Gott verbauen. Ich bin Menschen begegnet, die über Gott reden, als würden sie es an seiner Stelle besser machen. Ich habe Gebete gehört, die klingen, als würde jemand Gott die Welt erklären und ihm Tipps geben, wie er am besten eingreift. Der Gott, den die Bibel beschreibt, entzieht sich einer solchen Verniedlichung. Er hat seine Nähe an zwei Bedingungen geknüpft:

- an Ehrfurcht – die Bereitschaft, Gott als Gott anzuerkennen und seine Gaben nicht zu missbrauchen, um das eigene Ich aufzublähen.

- an Nächstenliebe – der Bereitschaft, den Schmerz Gottes zu teilen, den er angesichts von Menschen in Not empfindet.

Ein in sich gefangenes Ich ist unzugänglich für jede Gotteserfahrung. Das Ich kann sich aber auch öffnen und zu einem Ort der Gottesbegegnung werden. Wenn sich Menschen von falschen Selbstbildern trennen, legen sie ein empfindsames Ich frei, das empfänglich ist für die Nähe Gottes. Wer sich selbst erforscht hat, reagiert nicht gekränkt, wenn ihn die christliche Botschaft als »Sünder« bezeichnet, als Wesen, das von sich aus zum Guten unfähig ist. Wer sich selbst erforscht, erkennt, dass er »Erlösung« braucht, eine Kraft, die ihn von außen von den Fesseln des Ich befreit. Wer sich kennt, wird es auch nicht als einengend erleben, wenn Gott ihm einen »Heiligen Geist« schickt, der das Ich eines Menschen bewohnt und eine Verwandlung der Person einleitet.

Christliche Mystiker haben den Zusammenhang von Selbsterkenntnis und Gotteserkenntnis betont: Teresa von Ávila, Bernhard von Clairvaux, Thomas von Kempen. Nach meinem Eindruck waren sie alle von einem narzisstischen Motiv geleitet: ein verwundetes Ich in der Gegenwart Gottes zu bergen, Gott als den zu finden, der von Selbstüberschätzung befreit und eine neue, unversehrte Identität schenkt. Wenn sich das Ich öffnet, kann eine Gottesbeziehung wachsen, deren Wurzeln tief in die eigene Person reichen.

Glaube befreit zum Selbstverlust

Es gibt Lebensübergänge, die kann ein Mensch nur meistern, wenn er sein Ich loslässt. Schon Beruf oder Ehe bedeuten einen kleinen Selbstverlust. Wenige Wochen nach dem Berufseinstieg oder der Hochzeit bin ich ein anderer. Der Arbeitgeber oder meine Ehefrau bestimmen meinen Tagesablauf, sie prägen mich, bestimmen meine Gefühle, verschließen manche Lebensmöglichkeiten und öffnen andere. Es gibt Menschen, die für solche Selbstverluste sehr sensibel sind. Sie wechseln oft den Beruf, sie lassen eine Verlobung platzen. Normalerweise sind sich Menschen ihres Ichs aber so sicher, dass ihnen solche Lebensübergänge gelingen.

Es gibt jedoch verwickelte Situationen, die lassen sich nur lösen, wenn einer einen vorübergehenden Selbstverlust erträgt:

Eine Ehekrise. Beide haben alles ausgereizt, um eine unbefriedigende Situation zu ändern. Sie haben ihren Zorn gezeigt. Sie haben sich beruhigt und das Gespräch gesucht. Sie haben versucht, den anderen so zu nehmen, wie er ist. Sie haben versucht, ihn zu einer Veränderung zu bewegen. Trotz aller Lösungsversuche hat sich die Beziehung weiter verschlechtert. Nun muss einer etwas tun, was er noch nie getan hat. Etwas, das unzumutbar erscheint und starke Ängste weckt. Was das im Einzelfall ist, wissen meist schon die Freunde des Paares. Vielleicht muss derjenige, der die Beziehung kontrolliert hat, für eine Weile den anderen bestimmen lassen. Vielleicht muss derjenige, der einseitig genommen hat, verzichten lernen und sich in das Leben des anderen einbringen. Vor einem solchen Schritt schrecken die meisten Menschen zurück. Sie müssten dazu ihr Ich loslassen – ihre Sicherheit, ihr Wohlbefinden, ihre Überzeugungen. Nach diesem Schritt wären sie nicht mehr der gleiche Mensch wie vorher. Daher trennen sich die meisten Menschen lieber, als ihr Ich zu riskieren.

Eine gesundheitliche Krise. Für einen Menschen bedeutet Essen Lebensqualität, doch sein Übergewicht führt zu Bluthochdruck und Gelenkproblemen. Ein leitender Angestellter bewältigt eine 60-Stunden-Woche, aber sein Körper fordert eine Pause ein und zeigt das durch Schlaf- und Herzrhythmusstörungen. Gesundheitliche Krisen erzwingen oft eine Veränderung der Lebensfundamente, die das Ich eines Menschen tragen. »Das ist kein Leben mehr!«, klagen Menschen, wenn sie sich die Lebensveränderung vorstellen. Man könnte ihre

Klage auch so übersetzen: »Dann bin ich nicht mehr ich! Was mir Freude macht, was mich lebendig macht – all das soll ich aufgeben?«

Christlicher Glaube bedeutet, das Ich auch in der Gottesbeziehung zu verankern. Die Gottesbeziehung wird zu einer Quelle von Identität, Freude und Selbstbewusstsein. Jesus hat ein eindrückliches Bild gebraucht für den Selbstverlust, den der Glaube möglich macht: »Ein Weizenkorn muss in die Erde ausgesät werden. Wenn es dort nicht stirbt, wird es allein bleiben – ein einzelnes Samenkorn. Sein Tod aber wird viele neue Samenkörner hervorbringen – eine reiche Ernte neuen Lebens.« (Joh. 12,24). Schon psychologische Beispiele zeigen die Wahrheit dieses Bildes. Beziehungen zerbrechen, wenn keiner sein Ich loslassen kann. Menschen geraten in eine Sackgasse, wenn ihr Ich auf Kosten des Körpers lebt. Das Ich muss sich manchmal auf einen Prozess einlassen, bei dem es scheinbar stirbt, in Wirklichkeit aber verwandelt wird und wächst. Doch das Bild beinhaltet noch eine viel tiefere Wahrheit: gerade im Augenblick des Selbstverlustes öffnen sich Lebensmöglichkeiten, in denen die Kraft Gottes wirken kann.

Ein christlicher Lebensstil übt kleine Selbstverluste ein: Zugunsten anderer verzichten, wertschätzend sein, auch dort, wo man auf Geringschätzung trifft, Moral über finanzielle Vorteile stellen. Diese Übung im Selbstverlust bereitet auf Schlüsselsituation vor, in denen Scheitern oder Gelingen davon abhängen, ob einer sein Ich vorübergehend loslassen kann. Wenn man den christlichen Lebensstil auf seine psychologische Seite beschränkt, kann man sagen: Er führt zu einer narzisstischen Reife, der Fähigkeit, Selbstwertbelastungen zu tragen und unabhängiger vom eigenen Ansehen zu werden.

Man darf an dieser Stelle nicht verschweigen, dass der christliche Glaube zu Selbstverlusten herausfordert, die anderen Menschen erspart bleiben:

- einen Feind zu lieben
- zum Glauben auch dann zu stehen, wenn es unkalkulierbare Nachteile bedeutet (zum Beispiel noch bis 1989 in der DDR)
- auf den Ruf Gottes hin materielle Sicherheiten aufzugeben

Solche Glaubenswagnisse könnten das Ich eines Menschen zerbrechen, wenn es nicht in der Gottesbeziehung verankert wäre und dort für die Zeit eines Selbstverlustes festgehalten würde.

Zusammenfassend lässt sich sagen: Christlicher Glaube entlarvt falsche Selbstbilder. Für denjenigen, der ein geschöntes Selbstbild pflegt, kann er deshalb bedrohlich sein. Wer aber ein verwundetes Ich in die Gottesbeziehung einbringt, kann gerade am eigenen Ich tiefe Glaubenserfahrungen machen. Der Gott der Bibel macht das Ich stark, damit es zu einem liebenden Du reifen kann.

III. Auswege

Ein Blick in die Ich-Gesellschaft wirft auch persönliche Fragen auf: Wie kann ich echt sein und ohne Masken leben? Wie gehe ich mit Selbstwertverletzungen um und wie kann ich mich vor Kränkungen schützen? Wie sieht ein gesundes Selbstbewusstsein aus und wie kann es meinen Lebensstil prägen? Und wie fügt sich mein Ich in einen Glauben ein, der zur Liebe befreien will? Mit diesen Fragen befasst sich der dritte Teil des Buches.

1. Das wahre Ich befreien

»Nichts enttäuscht mehr, als die Unmöglichkeit nach dem eigenen Wesen zu leben«, schrieb der Psychotherapeut Michael Lukas Möller.[18] Manchmal muss das wahre Ich befreit werden. Wenn es sich zeigt, entstehen Scham- und Schuldgefühle und drängen es zurück: »So unvollkommen soll ich sein? Darf man überhaupt so sein?« Und wer lange ein falsches Ich für seine Persönlichkeit gehalten hat, der hat sich von sich selbst entfremdet. Der hat zunächst Mühe, seine Gefühle und Bedürfnisse zu spüren. Das führt zu einem ersten Schritt:

Verdrängte Gefühle aufspüren

Verdrängt werden die Seiten des Ich, die nicht zum geschönten Selbstbild passen. Daher können verdrängte Gefühle je nach Person ganz unterschiedlich sein:

- »Ich bin ein Sonnenschein und unerschütterlich heiter.« Ein Mensch mit diesem Selbstbild muss alle schmerzhaften Gefühle verdrängen: das Enttäuschtsein, das Verletztsein, das Trauern um einen Verlust.

- »Ich bin charakterstark und genüge hohen moralischen Maßstäben.« Hier muss ein Mensch alles verdrängen, was mit menschlicher Schwäche zu tun hat: egoistische Wünsche, kindlichen Übermut, Wut und Streitlust.
- »Ich bin attraktiv, unterhaltsam und erfolgreich.« Dieses Selbstbild verträgt sich nicht mit Gefühlen, die den öffentlichen Wert einer Person einschränken: Selbstzweifel, Erschöpfung oder Überforderung, Scham oder Schmerz über Misslingen, Neid auf Menschen, die etwas besser können.
- »Ich brauche niemanden. Alleine komme ich schneller und besser zum Ziel.« Bei diesem Selbstbild muss ein Mensch Gefühle verdrängen, die seine Unabhängigkeit infrage stellen: Sehnsucht nach Beziehung; Bedürfnisse nach Trost, Aufmerksamkeit und Zärtlichkeit; Bewunderung für andere Menschen.
- »Ich bin die perfekte Ergänzung für den Menschen, den ich liebe.« Menschen, die diesem Ideal folgen, verdrängen alles, was sie in Widerspruch zu anderen bringt: Wut, den Wunsch nach eigener Entfaltung, Gefühle von Verletztsein oder Kränkung.

Verdrängte Gefühle brauchen ein Existenzrecht: »Ja, meine Gefühle dürfen da sein. In meinem seelischen Raum herrscht keine Zensur. Meine Gefühle zu spüren heißt ja noch nicht, dass ich ihnen nachgeben und aus ihnen heraus handeln muss.« Wer verdrängte Gefühle aufspürt, muss ihnen Zeit geben, sich zu ordnen und sich zu festigen. Zu groß wäre die Gefahr, ins Gegenteil zu verfallen: Dass der moralische Mensch über die Stränge schlägt, dass die duldsame Ehefrau ihren Mann mit allem konfrontiert, was sie in den letzten zehn Jahren gestört hat.

Viele Menschen finden eine Vertrauensperson, mit der sie über ihre Gefühle sprechen können. Erst dann, wenn sich eine innere Sicherheit aufgebaut hat, beginnen sie nach den neuen

Gefühlen zu handeln: der Erfolgreiche könnte seiner Frau gestehen, dass er sich daneben benommen hat und sich deshalb schämt; die unentbehrliche Sekretärin könnte vertreten, dass sie einen freien Nachmittag verdient hat.

Spätestens an dieser Stelle mache ich mir das falsche Ich zum Feind. »Wissen Sie«, sagen dann meine Patienten, »hier in der Klinik kann man das ja so machen. Aber draußen mit normalen Menschen … Die halten mich ja für verrückt, wenn ich denen sage, was in mir vorgeht.« Und je nach Person, die vor mir sitzt, höre ich unterschiedliche Argumente, warum es gegen jede Vernunft ist, ständig zu streiten, sich verwundbar zu machen oder traurig herumzulaufen. Nun könnte ich für die verdrängten Gefühle werben: Es entspannt sehr, wenn man sich so zeigen kann, wie man ist. Das wahre Ich dankt seine Befreiung mit Energie und Lebendigkeit. Menschen gewinnen sehr, wenn sie sich etwas erlauben, was vorher tabu war, zum Beispiel sich für Trost und Fürsorge zu öffnen. Aber mit solchen Einladungen würde ich das falsche Ich nur noch mehr unter Druck setzen. Also sage ich etwas in der Art: »Ihre Unabhängigkeit schützt Sie vor Enttäuschungen. Ich kann mir vorstellen, dass Sie von vielen Menschen bewundert werden, weil sie so souverän und selbstbestimmt sind.« Oft entsteht dann eine Pause, in der das wahre Ich zu Wort kommt: »Ja, aber ich fühle mich manchmal verdammt einsam.«

Die eigene Lebensgeschichte annehmen

Auf dem Lebensweg vieler Menschen gibt es Erfahrungen, die das Selbstwertgefühl belastet haben:

- Eine Schwester oder ein Bruder war hübscher, begabter oder pflegeleichter und wurde deshalb vorgezogen.
- Die Eltern waren so mit sich beschäftigt, dass ihr Kind kaum gefördert wurde und es so unter seinen Möglichkeiten blieb.

- Von den Eltern gab es wenig Lob und Wertschätzung, sodass ihr Kind in der Schule schüchtern war, später nicht auf das andere Geschlecht zuging und auch im Beruf leicht einzuschüchtern war.
- Ein Grundschullehrer hat den Weg auf das Gymnasium verbaut und damit auch den Traumberuf.
- Ein junger Mensch konnte nicht genug Ich-Stärke aufbauen und hat wichtige Lebensjahre mit Suchtmitteln oder einer Essstörung vertan.
- Das Familienklima war so emotionslos, dass ein Kind das ABC der Gefühle nie gelernt hat und ihm später die Fähigkeit fehlt, gute Beziehungen aufzubauen.

Solche Erfahrungen haben einen gemeinsamen Nenner: »Ich bin nicht der, der ich sein könnte. Meine Lebensumstände oder mein eigenes Verhalten haben verhindert, dass ich mehr aus mir gemacht habe.« Wer sich ein besseres Ich wünscht, den schmerzen alle Erlebnisse, die ihn an seine Begrenztheit erinnern. Wer zum Beispiel gerne gebildeter wäre, dem kann es einen Stich versetzen, wenn er auf einen Menschen trifft, der sein Wissen vor sich herträgt. So müssen lebensgeschichtliche Einschränkungen verschmerzt werden, damit das Ich widerstandsfähig wird und seine Lebenskraft freisetzen kann.

Die eigene Lebensgeschichte anzunehmen beginnt mit einem Eingeständnis: »Ja, mein Leben hätte anders verlaufen können, dann wäre ich gewinnender, erfolgreicher und hätte weniger Schwächen. Aber ich nehme mein Leben so an, wie es nun einmal ist, und damit nehme ich mich selbst an, wie ich eben geworden bin.« Weil es um verlorene Lebensmöglichkeiten geht, gleicht das Verschmerzen von Kränkungen einem Trauerprozess. Erst wenn man getrauert hat und der Verlust überwunden ist, zeigt sich die Schönheit des Lebens neu.

Wer seine Lebensgeschichte annimmt, kann auch seine Lebensleistung würdigen:

- »Ja, ich bin keine Frau, nach der sich die Männer umdrehen. Aber ich habe einen Mann gefunden, der wunderbar zu mir passt. Und ich habe eine Beziehung aufgebaut, die stabil ist und in der wir uns beide sehr wohlfühlen.«
- »Ich werde nie ins Management aufsteigen. Aber ich bin ein guter Abteilungsleiter. Ich habe ein Herz für meine Mitarbeiter. Bei uns stimmt nicht nur die Bilanz, sondern auch das Betriebsklima.«
- »Mein Gehalt als Altenpfleger reicht gerade, um meine Familie zu ernähren. Aber wir haben mehr Spaß zusammen als viele, die zweimal im Jahr in Urlaub fahren. Das Schönste im Leben gibt es umsonst, diese Lektion haben wir gemeinsam gelernt.«
- »Ich werde nie Kinder haben. Aber ich habe gelernt, mich in das Leben anderer einzubringen. Ich habe die Mischung aus Freiheit und Verantwortung lieben gelernt.«

So verliert das wahre Ich seine Scham. Es darf sich zeigen und seine Lebendigkeit entfalten, auch wenn es hinter Idealbildern zurückbleibt.

Den Lebensrahmen neu abstecken

Oft ist es ein innerer Weg, auf dem sich das Ich befreit. Ein Mensch steht zu sich: »So bin ich, nicht mehr, aber auch nicht weniger.« Manchmal muss sich aber auch das äußere Leben ändern, damit es zum wahren Ich passt. Unter dem Einfluss des negativen Selbstbildes sind manche Lebensdimensionen zu klein geraten. Vielleicht hat jemand ganz aufgegeben, sich als Frau oder Mann attraktiv zu machen. Vielleicht überlässt jemand alle Entscheidungen dem Ehepartner, weil er sich weniger klug vorkommt. Vielleicht lebt einer beruflich weit unter seinen Möglichkeiten. Dann sind mutige Schritte gefragt, damit ein Mensch den Platz im Leben einnimmt, der ihm entspricht. Genauso oft geschieht es aber, dass Menschen ihren Lebensrahmen zu weit stecken, weil sie ihr geschöntes

Selbstbild dazu verführt. Warum muss die dreifache Mutter, die schon im Kirchenvorstand sitzt, auch noch für den Elternbeirat kandidieren? Warum soll ein Mann, der im Kreis seiner Familie und unter Freunden am glücklichsten ist, eine Beförderung annehmen, die viele Überstunden mit sich bringt? Warum soll eine Krankenschwester, die schon in ihrem Beruf viel gibt, auch in ihrem Privatleben eine Helferrolle ausfüllen?

Warum nicht ein wenig schwächer und begrenzter sein, dafür aber lebendig und glücklicher? Wer seinen Lebensrahmen verkleinert, stirbt einen kleinen Tod. Das erste Nein zu den Forderungen des eigenen Selbstbildes deprimiert. Menschen fühlen sich schuldig. Sie haben das Gefühl, sich zu blamieren oder zu versagen. Aber bald stellt sich ein Gefühl von Freiheit ein und eine beglückende Leichtigkeit, als habe man einen schweren Rucksack abgelegt.

Rahel ist fast perfekt: Sie organisiert sich gut, neben ihrer Arbeit findet sie noch Zeit für einen großen Freundeskreis, für ihre kulturellen und geistigen Interessen. Rahel kann ernst und verantwortungsvoll sein, aber auch albern und locker. Alles in einem guten Maß. Doch gerade Rahels Hang zur Vollkommenheit macht ihr Leben anstrengend. Wenn sie im Garten sitzt und liest, entspannt sie nicht richtig. Zum einen ist ihre Lektüre anspruchsvoll, zum anderen wägt sie schon ab, wie lange sie so sitzen kann und wann es Zeit ist, an den Haushalt zu gehen oder eine Freundin anzurufen. Mit ihren Kindern ist Rahel oft ungeduldig, weil die auch die ausgewogensten Pläne umwerfen, wenn sie trödeln oder plötzlich aufs Knie fallen.

Rahel befreit sich, indem sie ihre asoziale Seite entdeckt: »Soll doch der Betrieb den Bach runtergehen, wenn sich viele Schlafmützen auf ein paar Leistungsträger verlassen. Sollen sie ihre Freundinnen doch in Ruhe lassen mit ihren Luxusproblemen, ob sie den Friseur wechseln sollen und wie der Hibiscus überwintert. Sollen die Kinder doch mal übers Wochenende bei der Oma sein, dann wissen sie auch wieder ihre Mutter zu schätzen.« Zunächst waren Rahel solche Gedanken peinlich, sie hat sie zurückgedrängt. Doch dann hat sich Rahel Luft gemacht und entdeckt, dass andere sie trotzdem nicht für ein Ungeheuer halten. Heute lebt Rahel ihre asoziale Seite. Manchmal macht sie Dienst nach Vorschrift. Manchmal überlässt sie es ihrem Mann, ob im Haus ein Chaos herrscht oder nicht. Manchmal flüchtet sie einfach aus dem Alltag, dann verbringt sie einen Nachmittag allein im Park oder ein Wochenende ohne Familie. Manchmal hat Rahel noch ein schlechtes Gewissen. Aber das gehört eben zu ihr, dass sie ab und an ausbrechen muss. Danach kann sie wieder für andere da sein. Wenn sie etwas Druck abgelassen hat, kann sie wieder liebevoll und gelassen sein. Seit Rahel zu ihrer asozialen Seite steht, erwarten andere nicht mehr so viel von ihr. Weil sie sich unvollkommener zeigt, erwarten andere auch weniger Vollkommenheit.

2. Einfühlung neu lernen

Einfühlung erzeugt eine gute Chemie zwischen Menschen, sie entschärft Konflikte. In der Ich-Gesellschaft ist Einfühlung ein seltenes und deshalb kostbares Gut. Sie wärmt wie ein Kaminfeuer in einem unterkühlten Haus, sie ist ein Heilmittel für Menschen, deren zwischenmenschlicher Alltag einem Dornengestrüpp gleicht.

Sich der Einfühlung öffnen

Unser Körper und unsere Seele bilden ein perfektes Instrument für die Einfühlung. Die neuere Gehirnforschung hat »Spiegelneurone« entdeckt, die nur dafür da sind, uns in den Zustand zu versetzen, den wir bei anderen Menschen wahrnehmen. Unsere Gehirnzellen reagieren auf den Schmerz und die Freude anderer in einer Weise, als würde uns das Gleiche selbst zustoßen. Gefühle stecken an. In unserem Körper stellen sich feine Reaktionen ein, die uns spüren lassen, was der andere fühlt: ein Kribbeln im Bauch, ein Druck auf den Schultern, ein Kloß im Hals. Allerdings finden diese Einfühlungsvorgänge nur statt, wenn wir auf Empfang gehen. Besonders Menschen, deren Selbstwert verletzt wurde, verschließen sich für die Einfühlung, damit sie nicht noch mehr verletzt werden.

Es sind kleine Gesten, mit denen die Einfühlung beginnt:

- aufmerksam zuhören, Interesse zeigen durch Kopfnicken und kurze Kommentare
- eine offene Körperhaltung einnehmen, dem anderen zugewandt
- sich nach dem Befinden des anderen erkundigen
- Gesprächspausen zulassen, die den anderen einladen, noch etwas mehr von sich mitzuteilen
- erst über eigene Erlebnisse sprechen, wenn der andere mit seinem Thema fertig ist

Anteilnahme vermittelt sich vor allem körpersprachlich. Wenn sich einer von den Gefühlen des anderen anstecken lässt, drückt sich das in seinem Gesicht aus, in seiner Stimme und auch in der Körperhaltung. Wenn ein anderer von einem bedrohlichen Erlebnis spricht, wird sich seine Angst in einem einfühlsamen Gegenüber spiegeln: in geweiteten Augen, einer Muskelspannung im Körper, einer leisen Stimme und bedachten Worten. Die Wachsamkeit, die das bedrohliche Erlebnis hervorruft, ist auf den einfühlsamen Zuhörer übergegangen. Solche komplizierten Körpersignale kann man kaum bewusst einsetzen, sie stellen sich aber automatisch ein, wenn wir uns von den Gefühlen eines anderen anstecken lassen.

Einfühlsam handeln

Wenn sich Menschen persönlich mitteilen, drücken Sie auch emotionale Bedürfnisse aus. Einfühlung wird erst glaubhaft, wenn ihr Taten folgen. Auf das, was Menschen zwischen den Zeilen mitteilen, kann derjenige eingehen, der auf die folgenden vier Grundbedürfnisse achtet:

Das Bedürfnis nach Anerkennung: ein Kompliment machen, loben, einen Dank aussprechen, eine Gelegenheit schaffen, in der ein anderer seine Fähigkeiten zeigen kann, sich Erfolge berichten lassen.

Das Bedürfnis nach Sicherheit: jemanden informieren und in Entscheidungen einbeziehen, Hilfe zusagen, pünktlich und zuverlässig sein.

Das Bedürfnis nach Nähe: jemanden berühren, den anderen ansehen, Zeit zu zweit verbringen, nach Persönlichem fragen und selbst Persönliches mitteilen, sagen, was mir der andere bedeutet, kleine Gesten von Zuneigung zeigen: Blumen, eine Karte, ein kleines Geschenk.

Das Bedürfnis nach Vergnügen: scherzen, eine schöne Unternehmung anregen, in eine gesellige Runde einladen, etwas schenken, das ein schönes Erlebnis vermittelt; jemandem eine unangenehme Aufgabe abnehmen, schwierige Themen vermeiden.

Mit etwas Übung kann man entdecken, wie Menschen ihre Bedürfnisse offenbaren. Man lernt die Gefühlssprache verstehen, die die Worte eines Menschen begleiten. Und man lernt auf die Gefühlssprache zu antworten.

Zu sich zurückfinden

»Moment mal, Herr Berger«, wird nun vielleicht jemand einwenden. »Ich kenne zwei oder drei Menschen, bei denen probiere ich gerne aus, was Sie hier vorschlagen. Aber bei den meisten Menschen geht das nicht. Bei meiner Nachbarin zum Beispiel. Wenn Sie ihr erstmal zuhören, dann hört sie nicht mehr auf. Nach zwei Stunden kennen Sie ihre ganze Lebensgeschichte. Und mein Chef – der kann jammern, dass man ihm sein letztes Hemd geben möchte. Aber das ist eine Masche, der kriegt einen so immer wieder rum. Und dann meine Mutter. Die lässt mich ständig spüren, was ich besser machen soll, was ihr nicht passt. Nach einem Gespräch mit ihr fühle ich mich immer schlecht.«

»Sie haben recht«, müsste ich antworten. Wer sich in die Welt des anderen begeben hat, muss irgendwann zu sich zurückkehren. Er muss seinen eigenen Standpunkt finden und einnehmen, sich über die folgenden Punkte bewusst werden:

Wofür öffne ich mich? Schwierig wird es bei negativen Äußerungen über Dritte, bei intimen Details, zum Beispiel aus der Ehe, bei belastenden Erfahrungen aus der Lebensgeschichte, bei fragwürdigen moralischen Ansichten oder bei Sichtweisen, die realitätsfern sind und bei denen sich einer etwas vormacht. Jeder hat hier unterschiedliche Toleranzgrenzen. Sie hängen von seiner Persönlichkeit ab, von der Persönlichkeit dessen, der sich äußert, und auch von der Situation, in der etwas gesagt wird.

Welchen Bedürfnissen will ich entgegenkommen? Sei es das Bedürfnis nach Anerkennung, das nach Sicherheit, Nähe oder Vergnügen – eines dieser Bedürfnisse ist bei jedem Menschen besonders ausgeprägt. Wenn wir ehrlich sind: Es gibt Bedürfnisse in uns, die beinahe unersättlich sind. Niemand kann sie ganz stillen, wir müssen uns damit begnügen, dass andere uns ein wenig darin entgegenkommen. Und umgekehrt kann niemand von uns erwarten, dass wir seine Bedürfnisse vollständig stillen. Wie weit will ich dem anderen entgegenkommen?

Welche Gegenleistung erwarte ich? Einfühlung kann auf Dauer keine Einbahnstraße sein. Mit vielen Menschen gleicht sich Geben und Nehmen ganz automatisch aus. Aber eben nicht mit allen Menschen. Manche verweigern sich dem natürlichen Wechselspiel von Geben und Nehmen. Dann muss ich Bedingungen finden, die ein anderer erfüllen muss, wenn er weiter mit meiner Zuwendung rechnen will: Inwieweit muss der andere auch mir zuhören, auf meine Gefühle Rücksicht nehmen, meinen Bedürfnissen und Interessen entgegenkommen? Gerade hinter diesen Fragen lauert eine narzisstische Versuchung: Manche Menschen sind zu edelmütig, um eine Gegenleistung für ihre Zuwendung zu fordern. Sie entschuldigen die Selbstbezogenheit anderer: »Sie/er kann nicht mehr geben. Sie/er ist halt einfach so.« Doch wer sich zum Opfer von Selbstbezogenheit macht, überfordert sich und bewirkt selten etwas Gutes.

Auf Dauer kann ich nur einfühlsam sein, wenn ich meinen eigenen Standpunkt nicht verliere. Ich öffne mich für den anderen und komme seinen Bedürfnissen so weit entgegen, wie ich kann. Einfühlung weckt Vertrauen und kann selbst einer schwierigen Beziehung eine positive Wendung geben. Aber dann muss ich meinen Standpunkt vermitteln: Nein sagen, wo mir etwas zu viel wird; einem Bedürfnis nicht entgegenkommen, obwohl ich es beim anderen spüre; meine eigenen Wünsche und Erwartungen deutlich machen. Folgende Haltung hilft dabei: »Ich spüre, dass dich mein Nein enttäuscht. Ich spüre deinen Ärger (die Angst), die mein Wunsch bei dir auslöst. Ich halte deinen Gefühlen stand. Ich verteidige mich nicht und greife dich nicht an. Ich verschließe mich nicht. Ich bleibe dir weiter verbunden. Aber von meinem Standpunkt rücke ich trotzdem nicht ab.«

Die Folgen der Einfühlung

Sven hat es wie ein Aufwachen erlebt, als er sein Einfühlungsvermögen entdeckte. Sven war klug und souverän, aber auch distanziert. Er strahlte aus: »Ich weiß, wie man die Welt sieht, wie man Probleme löst und wie Menschen miteinander umgehen sollten.« Sven hatte eine dicke Haut, er kam mit schwierigen Zeitgenossen zurecht und bewahrte einen kühlen Kopf, wenn es Probleme gab. Doch als er etwa 30 war, wurde Svens Haut dünner. Waren es die Streitgespräche mit seiner Frau, die sich Svens Problemlösungen nicht anschließen wollte, obwohl die doch einfach, klar und für alle Beteiligten vorteilhaft waren? Waren es die Kollegen, die Sven kritisierten – sie gaben Kleinigkeiten eine emotionale Wertigkeit, die Sven übertrieben fand. Waren es die nächtlichen Essattacken, zu denen sich Sven seit einigen Jahren hinreißen ließ und die so gar nicht in sein Selbstbild passten? Sven wurde empfindsam. Manchmal hatte er richtig Angst vor anderen, weil sie ihm plötzlich so nahekamen. Er fürchtete ihre Kritik, ihre Missbilligung, ihre Gefühlsäußerungen. Diese Veränderung verunsicherte Sven, aber sie hatte auch positive Folgen. Sven spürte plötzlich, wie sehr seine Frau an ihrer Chefin hing und daher mit Konflikten nicht so umgehen konnte, wie Sven es getan hätte. Sven spürte, wie sehr manchen Kollegen an seinem Urteil und seiner Wertschätzung lag. Er erkannte, dass er diese Kollegen nicht einfach sachlich kritisieren kann, weil sie ihn mögen und seinen Worten eine emotionale Bedeutung geben. Ja, so seltsam das klingt, Sven spürte plötzlich die Liebe der anderen. Und er spürte die Enttäuschung, den Zorn und die Kränkung, die andere empfanden, wenn Sven ihre emotionalen Bedürfnisse frustrierte.

3. Das Ich loslassen lernen

Der christliche Glaube hilft, das wahre Ich zu befreien. Er lehrt auch, wie man der Versuchung widersteht, ein falsches Ich aufzubauen. Im Lebensweg Jesu ging es um viel mehr als um einen Sieg über den Narzissmus. Aber Jesus begegnete auch narzisstischen Versuchungen und zeigte, wie man ihnen widersteht.

Jesus ist gerade aus dem Jordan gestiegen, wo ihn Johannes getauft hat. Jesus ist dreißig Jahre alt und hat sich noch nicht an die Öffentlichkeit gewandt. Da führt ihn der Geist Gottes in die Wüste. Dort fastet Jesus vierzig Tage lang. In der Wüste formt sich Jesu Auftrag. Nachdem das Volk Israel viele Gottesboten abgewiesen hat, soll Jesus die Menschen neu für die Wirklichkeit Gottes gewinnen. Er soll Glauben wecken, die Menschen zur Umkehr rufen und sie dahin bringen, sich mit Gott und ihren Mitmenschen zu versöhnen. Aber wie? Da tritt der Versucher an Jesu Seite und unterbreitet seine Vorschläge. »Wenn du der Sohn Gottes bist, dann verwandle diese Steine in Brot.« (Mt. 4,3) Das ist es! Hunger ist die größte Qual der Menschheit, das erlebt Jesus gerade am eigenen Leib. Wenn einer kommt, der den Hunger beseitigt, wird der nicht Glauben wecken? Und nun vollzieht sich etwas Großes, um dessentwillen ich die Versuchungsgeschichte hier erzähle. Jesus steht die gewaltige Möglichkeit vor Augen, Brotbringer für die Welt zu sein. Er prüft diese Möglichkeit an den alten Schriften und verwirft sie. Jesus erkennt: Das ist nicht Gottes Weg mit der Menschheit. Jesus verzichtet und hält seinen Auftrag in einer Weise klein, die ihn noch beschämen wird. Zwar wird Jesus recht behalten: Auch seine späteren Brotwunder wecken nicht mehr Glauben als seine Worte. Und in Gesellschaften, die die Brotfrage lösen werden, wird eine umso größere Gottesferne herrschen. Aber auch der Versucher behält recht, wenn Millionen Menschen fragen: »Wie kann es einen liebenden Gott geben, wenn Kinder hungern?«

Ich möchte einer Auslegung der Versuchungsgeschichte folgen, die zeigt: Wo immer sich Größe und Ansehen negativ auswirken würden, verzichtet Jesus auf sie. Jesus nimmt lieber ein beschämendes Ansehen in Kauf, als die Liebe und den Glauben zu verraten.[29]

Der Versucher führt Jesus in die heilige Stadt Jerusalem. Er stellt Jesus auf das Dach des Tempels: »Wenn du der Sohn Gottes bist, dann spring hinunter! Denn die Schrift sagt: ›Er befiehlt seinen Engeln, dich zu beschützen. Sie werden dich auf ihren Händen tragen, damit deine Füße niemals stolpern.‹«

(Mt. 4,6) Jesus könnte einen unwiderlegbaren Gottesbeweis führen. Auch diese Möglichkeit prüft er an den alten Schriften. Gott zwingt den Menschen nicht zum Glauben. So verwirft auch Jesus diese Möglichkeit. Jesus behält damit recht, insofern auch seine Wunder viele nicht überzeugen werden. Selbst Jesu Auferstehung findet nur bei denen Glauben, in deren Herzen schon vorher Glaube gereift ist. Aber auch der Versucher behält recht, wenn Jesus später am Kreuz verspottet wird: »Nun, wenn du der Sohn Gottes bist, dann rette dich doch selbst und steig vom Kreuz herab!« (Mt. 27,40) Jesus verzichtet auf Selbstbestätigung, er lässt es sich an der Bestätigung genügen, die Gott seinem Weg schenkt. Auch das ist ein Sieg über den Narzissmus, der Menschen zwingt, sich selbst zu beweisen, selbst wenn es sie von ihren Zielen abbringt und selbst wenn sie unkorrigierbaren Menschen gegenüberstehen.

Hier deutet sich schon eine Ohnmacht Jesu an. Die Ohnmacht dessen, der sich auf die Macht Gottes beruft, wird zu einem Makel. Aber das Einwilligen in die Ohnmacht bedeutet einen letzten Sieg über den Narzissmus, wie die dritte Versuchung zeigt. Wer etwas bewegen will, braucht Macht. So führt der Versucher Jesus auf einen Berg, von dem aus er die Machtfülle menschlicher Herrscher sieht: »Das alles schenke ich dir«, sagt er, »wenn du vor mir niederkniest und mich anbetest.« (Mt. 4,9) Braucht es nicht Macht, um Menschen auf den richtigen Weg zu bringen? Muss man sie nicht oft zu ihrem Glück zwingen? Dieser Versuchung erliegen Menschen in Helferberufen. Manchmal gebrauchen sie ihre Macht, um ihre Schutzbefohlenen zu ihrem Glück zu zwingen. Pädagogen, Pflegekräfte oder Therapeuten drängen dann Menschen auf einen Weg, der nicht der ihre ist. Auch der Sozialismus kann als Versuch gesehen werden, Menschen zu ihrem Glück zu zwingen – mithilfe staatlicher Macht. Jesus dagegen will Macht nur aus den Händen Gottes empfangen, dessen Liebe jeden Missbrauch verhindert. Mit dieser Entscheidung willigt

Jesus aber auch in eine beschämende Machtlosigkeit ein. Der Widerspruch von Jesu großen Worten und seiner Machtlosigkeit wird von den Menschen durchaus empfunden. Sie treiben diesen Widerspruch auf die Spitze, wenn sie dem verhafteten Jesus einen Königsmantel anziehen und ihn so verspotten.

Mit der Frage nach den narzisstischen Versuchungen, denen Jesus ausgesetzt war, erschließt sich uns nur ein Teil der Versuchungsgeschichte, die noch viel mehr in sich birgt. Aber vom Thema dieses Buches aus können wir festhalten: Jesus besiegt den Narzissmus, der in jedem Menschen angelegt ist. Und er erkämpft eine großartige Freiheit:

- auf Selbstverwirklichung zu verzichten, wo sie nichts Gutes bewirken kann,
- ein schlechtes Ansehen zu riskieren, um sich nicht von seinen Gegnern die Spielregeln diktieren zu lassen,
- auf Einfluss zu verzichten, wo er die Würde von Menschen verletzen würde.

Wie sich in dieser Freiheit das wahre Ich eines Menschen entfaltet, können wir an Jesu weiterem Weg studieren. Jesus macht sich von der Versorgung und dem Schutz Gottes abhängig. Dadurch erlangt er eine Unabhängigkeit, die ihn seinen Weg gehen lässt, ohne Rücksicht auf die religiösen Autoritäten, ohne Rücksicht auf seinen Ruf und manchmal sogar ohne Rücksicht auf die Gefühle von Menschen, die ihm nahestehen. Jesus geht an Menschen vorbei, die ihn provozieren, manipulieren und Beweise fordern. Aber wenn Menschen ihr Vertrauen schenken, dann offenbart Jesus seine Größe und übt seinen Einfluss aus. Jesus zeigt seine Gefühle, auch wenn sie nicht in das Bild passen, das man von ihm hat: Jesus weint, trauert, zürnt, flucht und kann selbst ein Gefühl von Gottesferne beklagen. Jesus führt Menschen – und lässt es zu, dass ihn viele seiner Anhänger wieder verlassen und dass sich die Masse schließlich gegen ihn wendet. Jesus hat wenig Macht über Menschen, aber er weckt so viel Liebe, dass ihm heute noch Menschen folgen. Jesus weiß um die Größe seines Auftrages und beschränkt sich dennoch auf einen sehr kleinen Wirkungskreis und auf wenige Fragen, zu denen er Stellung nimmt. Jesus sagt seinen Anhängern, sie würden noch Größeres tun als er. Statt Einfluss zu gewinnen, hält sich Jesus immer wieder mit Menschen auf, die am Rand der Gesellschaft stehen.

Hier wird eine Freiheit sichtbar, das wahre Ich zu leben: Das entfalten, was Gott in die eigene Person gelegt hat. Nach dem eigenen Gefühl und der eigenen Überzeugung handeln. Zur eigenen Schwäche und Begrenztheit stehen und sich gerade darin für die Liebe öffnen. Wenn ein Mensch sein wahres Ich zeigt, macht er sich angreifbar. Die einen werden menschliche Größe an ihm entdecken, andere eine peinliche Schwäche. Der Philosoph Friedrich Nietzsche hat die Schwäche aufgespürt, die im Weg Jesu liegt, und hat sie als unerträglich verworfen. Der »Sklavenmoral« des christlichen Weges hat er den »Übermenschen« gegenübergestellt, der alles hinter sich lässt, was schwach macht: Moral, Mitleid, sich als Geschöpf eines Größeren zu verstehen.[30] Der Glaubende erkennt aber in seiner Schwäche gerade das, was ihn für die Beziehung zu Gott öffnet und was ihn liebesfähig macht.

Der Weg Jesu führt zu einer Ich-Stärke, die nur der findet, der sein Ich loslassen kann. Er überwindet Schritt für Schritt die Versuchungen des narzisstischen Stils:

Empfindlichkeit: »Natürlich schmerzt es, wenn mich jemand von oben herab behandelt. Auch die kleinen Respektlosigkeiten des Alltags tun weh, und auch wenn jemand nicht schätzt, was ich leiste. Aber daraus einen Kampf machen, mich verteidigen, beweisen, was ich bin und kann? Nein, wer etwas wertschätzen kann, der wird meine Qualitäten entdecken. Und wer das nicht kann, wird es auch dann nicht tun, wenn ich mich beweise.«

Falsche Anpassung: »Ja, jeder hat ein Bild von mir, wie er mich gerne hätte. Ich werde bestätigt, wenn ich die Erwartungen erfülle, und wenn nicht, kommen früher oder später Kritik, Missbilligung und Klagen. Aber will ich mich abhängig machen von Bestätigung? Nein, lieber egoistisch sein in den Augen des anderen, oder zickig, verantwortungslos, undankbar, unkollegial oder was auch immer. Wenn ich mit mir im Reinen bin, dann riskiere ich, ein schlechtes Bild abzugeben. Ich habe ein paar Menschen, die mich korrigieren, die anderen haben keinen Erziehungsauftrag an mir.«

Falsche Größe: »Ich könnte jede meiner Gaben zu falscher Größe aufblähen:

- meine Einsatzbereitschaft zu Unentbehrlichkeit
- meine Klugheit zu Überlegenheit
- meinen Charme zu Verführung
- mein Durchsetzungsvermögen zu Einschüchterung
- meine Stärke zu Unverwundbarkeit
- meine Leistungsfähigkeit zu Erfolg um jeden Preis

Aber warum mich erschöpfen beim Versuch, mehr zu sein, als ich bin? Wozu mich abhängig machen von Liebesbeweisen, Anerkennung, Einfluss und Erfolg? Ich kann es ja ohnehin nicht genießen, wenn ich mich immer anstrengen muss und Angst habe, hinter meinen Zielen zurückzubleiben. Nein, lieber nehme ich dankbar an, was ich mit meinen Gaben erreichen kann. Und wenn doch Großes in mein Leben tritt, dann werde ich mich hüten, mein Selbstbewusstsein darauf zu stützen.«

Gutmenschentum: »Warum eigentlich beweisen, dass ich ein guter Mensch bin? Warum andere besser machen oder gleich die Welt verbessern? Weiß ich denn wirklich, was gut ist für den anderen? Setze ich mich ein, nur um mich selbst dabei gut zu fühlen? Oder helfe ich aus innerer Anteilnahme und Überzeugung? Will der andere denn, was ich ihm gebe? Und habe ich das Gefühl, mit Gottes guten Kräften zusammen zu wirken? Oder will ich insgeheim ausbügeln, was Gott schlecht macht?«

Spüren Sie, wie sehr es entspannt, das falsche Ich loszulassen?

Wir leben in einer Gesellschaft, deren Werte sich tiefgreifend gewandelt haben. Und auch wir Menschen haben uns verändert. Dass man die Zeit nicht zurückdrehen kann, zeigt sich mir immer wieder in Lebensgeschichten: In der Therapiegruppe wird es ganz still, als Annette von ihrer Mutter spricht. Das Leben der Mutter steht wie etwas Heiliges im Raum, so sehr war es von Verzicht und aufopferungsvoller Liebe getragen. Annette hat ihrer Mutter ein Leben lang nachgeeifert und ist daran fast zerbrochen. Doch Annette ist einfach nicht wie ihre Mutter. Sie kann nicht nur für andere leben. Annettes Mutter wurde durch die Nachkriegszeit geprägt und durch ein Leben, in dem die Familie ganz Mittelpunkt stand. Annette hat anderes erlebt. Sie durfte ihren Lebensweg aus einer Fülle von Möglichkeiten wählen. Sie hat Freizeit erlebt, kreative Entfaltung und die Genüsse der Konsumgesellschaft. Annette durfte mit Freundinnen über ihre Persönlichkeit und ihre Lebensziele nachdenken. Ein selbstloses Leben wie das der Mutter ist Annette verschlossen.

Wir haben den Geist der Selbstverwirklichung aus der Flasche gelassen und wir werden ihn nicht mehr hinein bekommen. Heute stellt sich die Frage: Beherrscht uns die Selbstverwirklichung oder dient sie uns? Entfalten wir ein reifes Ich, das Du sagen kann? Oder entwickeln wir ein selbstbezogenes Ich, das andere kaum noch wahrnimmt? Bildet unser Ich den Mittelpunkt unseres Lebens? Oder kann unser Ich vor Gott niederknien und sich von ihm seine Bestimmung zusprechen lassen?

Der jüdische Philosoph Martin Buber hat der Selbstverwirklichung ein Ziel gewiesen:

Bei sich beginnen, aber nicht bei sich enden,
von sich ausgehen, aber nicht auf sich abzielen,
sich erfassen, aber nicht sich mit sich befassen.[31]

Literatur

- Berger, Jörg (2006): Lebensziel Berufung. Den eigenen Weg finden in einer Welt der Beliebigkeit. Francke Verlag, Marburg.
- Berger, Jörg (2007): Ein loderndes Feuer. Frauen, Männer und das Wagnis der Intimität. Francke Verlag, Marburg.
- Bohlen, Dieter (2008): Der Bohlenweg. Planieren statt sanieren. Heyne Verlag, München.
- Dammann, Gerhard (2007): Narzissten, Egomanen, Psychopathen in der Führungsetage. Haupt Berne Verlag, Göttingen.
- Ickes, William (2003): Everyday mind reading: Understanding what other people think and feel. Prometheus Books, Amherst, New York.
- Kast, Bas (2006): Die Liebe und wie sich Leidenschaft erklärt. Fischer Taschenbuch Verlag, Frankfurt am Main.
- Kernberg, Otto (1978): Borderlinestörungen und pathologischer Narzissmus. Suhrkamp Verlag, Frankfurt am Main.
- König, Karl (1999): Kleine psychoanalytische Charakterkunde. Vandenhoeck & Ruprecht Verlag, Göttingen.
- Lasch, Christopher (1982): Das Zeitalter des Narzissmus. dtv, München.
- Miller, Alice (1979): Drama des begabten Kindes und die Suche nach dem wahren Selbst. Suhrkamp Verlag, Frankfurt am Main.
- Möller, Michael Lukas (1992): Die Wahrheit beginnt zu zweit. Das Paar im Gespräch. Rowohlt Verlag, Reinbek bei Hamburg.
- Mundt, Christian; Schröder, Andreas; Backenstrass, Matthias (2009): Altruism versus self-centredness in the personality of depressives in the 1950s and 1990s. Journal of Affectiv Disorders vol./is. 113/1–2 (157–64).
- Ratzinger, Joseph (Benedikt XVI) (2007): Jesus von Nazareth. Herder Verlag, Freiburg im Breisgau.
- Sachse, Rainer (2004): Selbstverliebt – aber richtig. Paradoxe Ratschläge für das Leben mit Narzissten. Klett-Cotta Verlag, Stuttgart.
- Schmidt, Gunter, u.a. (2003): Beziehungsformen und Beziehungsverläufe im sozialen Wandel. Zeitschrift für Sexualforschung 16 (Heft 3).

- Schmitz, Bernd (2008): Kognitive Verhaltenstherapie bei Persönlichkeitsstörungen und unflexiblen Persönlichkeitsstilen. Papst Science Publishers, Lengerich.
- Wardetzki, Bärbel (1995): Weiblicher Narzissmus. Der Hunger nach Anerkennung. Kösel Verlag, München.
- Winterhoff, Michael (2008): Warum unsere Kinder Tyrannen werden. Oder: Die Abschaffung der Kindheit. Gütersloher Verlagshaus, Gütersloh.

Anmerkungen

[1] Vgl. Otto Kernberg (1978): Borderlinestörungen und pathologischer Narzissmus. Suhrkamp Verlag, Frankfurt am Main.
[2] Vgl. Rainer Sachse (2004): Selbstverliebt – aber richtig. Paradoxe Ratschläge für das Leben mit Narzissten. Klett-Cotta Verlag Stuttgart, S. 40–52.
[3] Dieter Bohlen (2008): Der Bohlenweg. Planieren statt sanieren. Heyne Verlag, München, S. 10.
[4] Vgl. http://de.wikipedia.org/wiki/Dieter_Bohlen
[5] Vgl. http://de.wikipedia.org/wiki/Mark_Medlock
[6] Vgl. http://de.wikipedia.org/wiki/Godoj
[7] Dieter Bohlen, in: »Johannes B. Kerner«, Talkshow, ZDF, 5. Februar 2008, zit. nach: http://de.wikiquote.org/wiki/Dieter_Bohlen
[8] Dieter Bohlen (2008): Der Bohlenweg. Planieren statt sanieren. Heyne Verlag, München, S. 236f.
[9] Ebd., S. 241.
[10] Ebd., S. 245.
[11] Ebd., S. 57.
[12] Michael Winterhoff (2008): Warum unsere Kinder Tyrannen werden. Oder: Die Abschaffung der Kindheit. Gütersloher Verlagshaus, Gütersloh, S. 24f.
[13] Gerhard Dammann (2007): Narzissten, Egomanen, Psychopathen in der Führungsetage. Haupt Berne Verlag, Göttingen, S. 17f.
[14] Otto Kernberg, zit. nach: Gerhard Dammann (2007): Narzissten, Egomanen, Psychopathen in der Führungsetage. Haupt Berne Verlag, Göttingen, S. 18.
[15] Vgl. Gerhard Dammann (2007): Narzissten, Egomanen, Psychopathen in der Führungsetage. Haupt Berne Verlag, Göttingen, S. 127.
[16] Vgl. Gunter Schmidt u.a. (2003): Beziehungsformen und Beziehungsverläufe im sozialen Wandel. Zeitschrift für Sexualforschung 16 (Heft 3).
[17] Vgl. ebd.
[18] Michael Lukas Möller (1992): Die Wahrheit beginnt zu zweit. Das Paar im Gespräch. Rowohlt Verlag, Reinbek bei Hamburg, S. 46f.

[19] Vgl. William Ickes (2003): Everyday mind reading: Understanding what other people think and feel. Prometheus Books, Amherst, New York, S. 112.

[20] Vgl. Bas Kast (2006): Die Liebe und wie sich Leidenschaft erklärt. Fischer Taschenbuch Verlag, Frankfurt am Main, S. 40.

[21] Bas Kast (2006): Die Liebe und wie sich Leidenschaft erklärt. Fischer Taschenbuch Verlag, Frankfurt am Main, S. 133f.

[22] Alice Miller (1979): Drama des begabten Kindes und die Suche nach dem wahren Selbst. Suhrkamp Verlag, Frankfurt am Main, S. 22.

[23] Ebd., S. 33.

[24] Vgl. Rainer Sachse (2004): Selbstverliebt – aber richtig. Paradoxe Ratschläge für das Leben mit Narzissten. Klett-Cotta Verlag, Stuttgart, S. 133ff.

[25] Bärbel Wardetzki (1995): Weiblicher Narzissmus. Der Hunger nach Anerkennung. Kösel Verlag, München, S. 50.

[26] Vgl. Christopher Lasch (1982): Das Zeitalter des Narzissmus. dtv, München; Mundt, Ch., Schröder, A., Backenstrass, M. (2009): Altruism versus self-centredness in the personality of depressives in the 1950s and 1990s, J. Affect, Disord.

[27] Vgl. Jörg Berger (2006): Lebensziel Berufung. Den eigenen Weg finden in einer Welt der Beliebigkeit. Francke Verlag, Marburg.

[28] Vgl. Jörg Berger (2007): Ein loderndes Feuer. Frauen, Männer und das Wagnis der Intimität. Francke Verlag, Marburg.

[29] Diese Auslegung hat sich zum Beispiel in Dostojewskis »Großinquisitor« (Die Brüder Karamasow) niedergeschlagen. Sie findet sich auch bei:
Joseph Ratzinger (Benedikt XVI) (2007): Jesus von Nazareth. Erster Teil. Von der Taufe im Jordan bis zur Verklärung. Herder, Freiburg im Breisgau, S. 53ff.

[30] Vgl. Friedrich Nietzsche: Also sprach Zarathustra (1883–1885) und »Der Antichrist« (1888).

[31] Martin Buber (1963): Martin Buber, Werke Dritter Bd., Schriften zum Chassidismus, Kösel, München, S. 731.